HEYNE‹

Die Autoren

Arne Daniels, Jahrgang 1961, studierte unter anderem Geschichte und Literatur. Er schrieb viele Jahre als Redakteur der Wochenzeitung »Die Zeit« über Wirtschafts- und Sozialpolitik. Seit 2000 ist er Reporter für Politik und Wirtschaft beim Magazin »stern«.

Stefan Schmitz, Jahrgang 1964, studierte Politologie und Volkswirtschaftslehre. Er arbeitete als Bonner Korrespondent für die Nachrichtenagentur Reuters und das Magazin »Focus«. Seit 1999 ist er Reporter beim »stern« in Hamburg.

ARNE DANIELS
STEFAN SCHMITZ

Die Geschichte des Kapitalismus

Vom Webstuhl zum World Wide Web

WILHELM HEYNE VERLAG
MÜNCHEN

Die Geschichte des Kapitalismus erschien im Frühjahr 2006
als sechsteilige Serie in der Zeitschrift STERN.

Verlagsgruppe Random House
FSC-DEU-0100
Das FSC-zertifizierte Papier *München Super*
für Taschenbücher aus dem Wilhelm Heyne Verlag
liefert Mochenwangen Papier.

FSC
Mix
Produktgruppe aus vorbildlich
bewirtschafteten Wäldern und
anderen kontrollierten Herkünften
Zert.-Nr. SGS-COC-1940
www.fsc.org
© 1996 Forest Stewardship Council

Originalausgabe 09/2006
Copyright © 2006 by Wilhelm Heyne Verlag, München, in der
Verlagsgruppe Random House GmbH
Printed in Germany 2006
Herausgeber: Thomas Osterkorn, Andreas Petzold
Autoren: Arne Daniels, Stefan Schmitz
Redaktion: Norbert Höfler, Frank Thomsen
Bildredaktion: Andreas Eucker
Dokumentation und Schlussredaktion: stern
Redaktion der Buchausgabe: Anja Freckmann, Ulrike Stadler
Umschlaggestaltung:
Hauptmann & Kompanie Werbeagentur, München – Zürich,
unter Verwendung des stern-Covers von Derik Meinköhn
Satz: C. Schaber Datentechnik, Wels
Druck und Bindung: GGP Media GmbH, Pößneck

ISBN-10: 3-453-62018-6
ISBN-13: 978-3-453-62018-6

www.heyne.de

INHALT

Vorwort 6

Vom Feld in die Fabrik 10
1760–1830

Das Elend des Fortschritts 36
1830–1918

Höllenfahrt in die Depression 58
1918–1945

»Wohlstand für alle« 82
1945–1970

Die Grenzen des Wachstums 104
1970–1990

Der Sieg des Geldes 128
1990–2006

Theoretiker des Kapitalismus 153

Register 187

Bildnachweis 192

»Was die Weltwirtschaft angeht, so ist sie verflochten«, schrieb Kurt Tucholsky vor 75 Jahren. Das war damals so wahr wie heute. Schwer durchschaubar scheinen die Kräfte, die sie antreiben. Die dafür sorgen, dass Indien und China boomen, während hierzulande die Renten zusammenschmelzen und Millionen keine Arbeit haben.

Diese Buch zeichnet die Geschichte des Kapitalismus nach, beschreibt Wegmarken seiner Entwicklung: Wie sich die Ausgebeuteten in den Fabriken des 19. Jahrhunderts auflehnen, wie die Börsen in der Weltwirtschaftskrise krachen, wie mit VW-Käfer und Italienurlaub nach dem Zweiten Weltkrieg ein bis dahin unvorstellbarer Wohlstand nach Deutschland kommt.

Kapitalismus ist das pralle Leben. Nichts hat die Welt in den vergangenen 200 Jahren so verändert wie sein Siegeszug. Das Ergebnis ist enormer Wohlstand, aber auch bedrückende Armut. Fortschritt, aber auch Ungerechtigkeit. Die Umstände ändern sich, die Mechanismen bleiben gleich: Das Neue verdrängt das Alte, das Effiziente das Althergebrachte. Besser, schneller, billiger – wer in diesem Wettlauf nicht mithalten kann, verliert.

Vom Elend der schlesischen Weber Mitte des 19. Jahrhunderts bis zu den Textilfabriken im Asien unserer Tage beginnt es meist mit Ungleichheit und Ungerechtigkeit, mit Armut und Not. Aus dem Wohlstand für wenige wird dann im Lauf von Jahrzehnten Wohlstand für die meisten. Oder zumindest für viele.

Ein Paradies entsteht so nicht. Milch und Honig fehlen, wo sie am nötigsten gebraucht werden. Aber insgesamt gibt es immer mehr davon – um vier Prozent wuchs die globale Ökonomie allein im Jahr 2005. Der Kapitalismus ist die dynamischste Wirtschaftsform der Geschichte. Im Guten wie im Schlechten.

Dazu gehören Theorien, die alles andere als grau sind. Denn sie helfen, die Welt von heute zu verstehen. Wenn bei Sabine Christiansen die Talker am Fernseh-Lagerfeuer sitzen, streiten sie über Löhne und Freihandel, Produktionsverlagerungen und Ölkrisen, die Rolle des Staates und den Hunger der Heuschrecken. Oder darüber, ob die Arbeitnehmer mehr Geld brauchen, damit sie mit ihrem Konsum die Wirtschaft ankurbeln können. Oder ob sie im Gegenteil weniger bekommen sollten, damit die Unternehmen konkurrenzfähiger werden.

Das ist, auch wenn es keiner sagt, angewandte Wirtschaftstheorie: Dahinter stecken große Ideen. Auch sie sollen in diesem Buch lebendig werden. Und mit ihnen die Denker, die sie entwickelt haben: Adam Smith, der Ahnherr der Nationalökonomie. John Maynard Keynes, der Revolutionär zwischen den Weltkriegen. Walter Eucken, der Professor aus Freiburg, der das Kapital an die Kette legen wollte. Milton Friedman, der Mann, von dessen Schreibtisch aus US-Präsident Ronald Reagan und die Eiserne Lady Margaret Thatcher munitioniert wurden. Dazu viele andere.

Sie alle haben sich an großen Fragen versucht: Geht es dem Menschen besser, wenn er die Gesetze des Marktes akzeptiert – oder wenn er versucht, sie auszuhebeln? Bleibt Platz für eine Solidarität, die nicht zu gemeinsam erlittener Armut führt, sondern zu einer gerechten und wohlhabenden Gesellschaft? Müssen die Reichen immer reicher werden, damit auch für die Armen mehr abfällt? Vieles wurde schon vor 50, 100 oder gar 250 Jahren zum ersten Mal gedacht und geschrieben. Manches ist heute so aktuell wie damals.

Letztlich geht es um unser heutiges Leben: also um die Globalisierung und ihre Folgen. Um das für uns Deutsche ungewohnte Gefühl, im Wettlauf um Jobs und Rendite einmal nicht zu den Gewinnern zu gehören, sondern zurückzufallen im Vergleich mit anderen. Das Unbehagen gegen die Diktate der Kapitalmärkte wächst – denn die interessieren sich vor allem für Rendite und nicht für Menschen. Gerade das nagt an der Zustimmung zu einer Wirtschaftsform, die nach dem Sieg über den Kommunismus nur noch einen ernst zu nehmenden Gegner hat: sich selbst.

Gibt es keine Alternative? Doch, natürlich. Denn Kapitalismus ist nicht Kapitalismus. In Deutschland sieht er heute anders aus als vor 100 Jahren. Und schon damals gab es Versuche, Effizienz und sozialen Frieden miteinander zu versöhnen. Selbst wo Märkte dominieren, nimmt der Staat entscheidenden Einfluss. Politik bleibt wichtig – und sie kann, wie in der Weltwirtschaftskrise, ins Desaster führen.

Die Geschichte des Kapitalismus ist auch die Geschichte des Bemühens, das Raubtier einzuhegen, ohne es zu lähmen. Dabei kann die Gewissheit von heute der Irrglaube von morgen sein. Ende der 60er-Jahre galt es in der alten Bundesrepublik als gesicherte Erkenntnis, dass nur der Staat dafür sorgen kann, dass die Konjunktur brummt, niemand arbeitslos ist und das Geld seinen Wert behält. Heute halten das die meisten Ökonomen für Humbug.

So ist die Erinnerung auch eine Warnung: Was alle glauben, muss nicht für immer und unter allen Umständen wahr sein. Und was heute geschieht, hat Wurzeln. Die sind spannend, weil es um Menschen und Schicksale geht. Auch um unser eigenes. Dieses Buch steht damit in der Tradition des Wirtschafts-Nobelpreisträgers Paul Samuelson, der sagte: »Schau immer zurück. Du könntest etwas lernen.«

Arne Daniels und Stefan Schmitz

»Der Wohlstand der Nationen«
von Adam Smith erscheint

Erste deutsche Dampfmaschine –
in Hettstedt, Mansfeld

| 1767 | 1776 | 1785 | 1789–1799 |

Erster Koks-
hochofen auf
dem Kontinent

USA erklären Unab-
hängigkeit von England

Französische
Revolution beendet
den Absolutismus

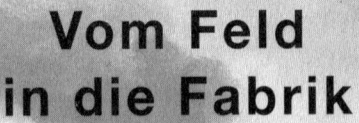

Vom Feld
in die Fabrik
1760–1830

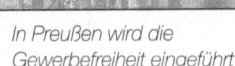

In Preußen wird die
Gewerbefreiheit eingeführt

Auf dem Wiener Kongress
wird Europa neu geordnet

| 1807 | 1810 | 1814/15 | 1819 |

Die Leibeigenschaft wird in
Preußen formal aufgehoben

Erste Dampfschiffe verkehren
zwischen Europa und den USA

Um 1800 ist Deutschland ein Entwicklungsland. Dann aber beginnt der Aufstieg der neuen Wirtschaftsordnung. In Europa zerfällt das alte Herrschaftssystem des Feudalismus. Viele Bürger nutzen die Freiheiten und gründen eigene Unternehmen – Ideen und Vorbilder dazu stammen aus England. Die beginnende Industrialisierung verändert Land und Gesellschaft von Grund auf. Die Verlierer geraten in neue Abhängigkeiten

Als Heinrich Christian Meyer acht Jahre alt ist, schleppt er bei jedem Wetter einen hölzernen Kasten auf den Platz vor der Hamburger Börse. Das Ding ist 15 Kilo schwer, darin sind Spazierstöcke, die sein Vater hergestellt hat. Das Kind, das die Hamburger »Stockmeyer« nennen, ist mit seinem mobilen Verkaufsstand immer schon im Morgengrauen unterwegs. Die Spazierstöcke des Vaters gelten als elegant, sie sind mit Fischbein belegt und bei den Kunden beliebt. Doch der Armut entkommen die Meyers durch die paar Stöcke nicht. Der kleine Heinrich schläft unterm Dachboden, im Winter presst der Wind feinen Schnee durch die Ritzen zwischen den Dachpfannen. Oft wecken ihn »die empfindliche Kälte und die vom Dachgebälk springenden Ratten«, wie er später erzählt. Manchmal treibt es ihn dann zu einem Sargmacher unterm selben Dach, denn in den fertigen Särgen ist es wärmer und ruhig.

Es ist das Jahr 1805. 50 Jahre früher wäre ziemlich klar gewesen, was aus ihm geworden wäre: auch ein kleiner Handwerker, der irgendwann die Werkstatt des Vaters übernommen hätte. Und der seine Kinder auf die Straße geschickt hätte, Spazierstöcke zu verkaufen.

Doch Heinrich Christian Meyer wächst in einer Zeit auf, in der das Leben ganz anders verlaufen kann als in den Epochen zuvor. Mit 48 Jahren herrscht er über 300 Arbeiter. Die produzieren immer noch Spazierstöcke, aber auch Tabaksdosen, Federhalter, Schirme, Totschläger, Fässer, Billardkugeln, Furniere aus tropischen Hölzern, Eisenbahnschwellen und anderes mehr. Stockmeyer, wie er in Hamburg bis zu seinem Tod heißt, hat »Agenten« in verschiedenen Teilen der Welt, die seine Waren vertreiben. In seiner Heimatstadt nutzt er als Erster eine industrielle Dampfmaschine.

Stockmeyer ist der erste Großindustrielle Hamburgs und einer der ersten Kapitalisten der Stadt. 1817 hat er die Firma »H.C. Meyer jr.« gegründet, er hat seine Gewinne in die Expansion seines Geschäfts investiert, er besorgt sich hohe Summen bei Kreditgebern und Investoren – gegen Zinsen oder das Versprechen, die Geldgeber an den Gewinnen zu beteiligen. Als Stockmeyer 1848 stirbt, vererbt er ein Vermögen von einer Million Mark.

Allein hat er das nicht zusammengetragen: Stockmeyers Arbeiter schuften fast 90 Stunden in der Woche. Ihre Schicht in der Fabrik draußen vor der Stadt beginnt meist morgens um fünf, Feierabend ist nicht vor acht Uhr am Abend. Sie arbeiten auch samstags und sonntags, sie verdienen kaum mehr als eine Mark pro Tag, sie haben laut Fabrikordnung »fleißig« und »folgsam« zu sein.

Christian Gottlob Dierig besitzt nicht mehr als zehn Taler, als er 1805 im schlesischen Langenbielau eine kleine Textilfirma gründet. Dierig ist 24 Jahre alt. Am Anfang schafft er mit einer Rückentrage seine selbst produzierten Waren zum Markt. Dann wird er Verleger: Er kauft Garne, lässt sie für kleines

Geld von Lohnwebern zu Stoffen verarbeiten und verkauft diese unter eigenem Namen weiter. Dierigs Vorfahren waren selbst noch unfreie Lohnweber – Arbeitssklaven der Feudalzeit. Sie leisteten ihrem Grundherren eine Fron, durch ihrer Hände Arbeit. Nun ist Dierig selbst Herr und lässt andere für sich arbeiten.

1830 besitzt Christian Gottlob Dierig auch eigene Produktionsmittel: eine Fabrik mit modernen Webstühlen. Später wird die Firma Dierig ein Schauplatz der historischen Weberaufstände, mit denen sich die Arbeiter blutig gegen ihre Ausbeuter auflehnen; noch später wird sie das größte Textilunternehmen Europas. Heute hat die Dierig Holding AG ihren Sitz in Augsburg, Textilien lässt man längst in Billiglohnländern produzieren, die alten Fabrikgelände in Deutschland werden gewinnbringend vermietet.

So oder ähnlich verlaufen viele Biografien, die im frühen 19. Jahrhundert beginnen. Kleine Handwerker, die Kinder unfreier Bauern, auch einige Adlige und Beamte: Viele lernen neue Techniken und ein neues Denken, nutzen neue Freiheiten, gründen ökonomische Imperien oder erleiden schnellen Schiffbruch. Zahllose Namen aus jener Zeit sind längst vergessen, andere gehören bis heute zum Inventar der deutschen Wirtschaft: Krupp, Haniel, Stinnes, Borsig.

Etwas ganz Neues entsteht da in Europa. Historiker nennen es heute »eine Periode universalhistorischer Bedeutung, zunehmend und intensiver für die gesamte Menschheit, mit umstürzenden Konsequenzen auf allen Gebieten«. Nie zuvor hat sich in so kurzer Zeit so viel geändert wie im Zeitalter der Industrialisierung, nie zuvor gab es ein Wirtschaftssystem, das annähernd so dynamisch war wie der Kapitalismus. Und der fegte binnen kurzem die alte Macht- und Gesellschaftsordnung hinweg.

Deutschland war spät dran: um 1800 ein Entwicklungsland, politisch und wirtschaftlich rückständig und in fast 300 relativ autonome Herrschaftsgebiete zerfallen – Königreiche, Herzog-, Fürsten- und Kurfürstentümer, Grafschaften, Bistümer und so fort. Zaghaft nur begann die Industrialisierung im frühen 19. Jahrhundert, Schwung bekam sie erst um 1850 und richtig Tempo in der Zeit nach der Gründung des Deutschen Reiches 1871. In England hatte dieser Prozess schon um 1760 begonnen. England war das Mutterland des technischen und wirtschaftlichen Fortschritts. Die Gründe dafür kommen einem sehr bekannt vor – und zwar aus der Standortdebatte des 21. Jahrhunderts: In England herrschte Gewerbefreiheit, der Arbeitsmarkt war dereguliert, es gab viele billige Arbeitskräfte, einen großen Binnenmarkt und dank der Kolonien günstige Rohstoffe und lukrative Exportmärkte.

Das Inselreich war das Mekka für die Reformer und aufstrebenden Bürger vom Kontinent, die Ideen und Techniken kopierten. Die Schriftstellerin Johanna Schopenhauer, Mutter des Philosophen Arthur Schopenhauer, reiste 1803 durch England und Schottland. Staunend schrieb sie über die Industriestadt Manchester: »Dunkel und vom Kohlendampfe eingeräuchert, sieht sie einer ungeheuren Schmiede oder sonst einer Werkstatt ähnlich. Arbeit, Erwerb, Geldbegier scheinen hier die einzige Idee zu sein, überall hört man das Geklapper der Baumwollspinnereien und der Webstühle, auf allen Gesichtern stehen Zahlen, nichts als Zahlen.«

Es waren eben nicht nur die technischen Neuerungen, die diese Zeit befeuerten. Gewiss, Maschinen verdrängten die

Handarbeit, Dampfkraft ersetzte Menschenkraft, neue Produktionsmethoden brachten eine ungeahnte Leistungsfähigkeit, die Eisenbahn transportierte Menschen und Waren schnell über weite Strecken und schuf so ganz neue Märkte. Doch all das wäre nicht möglich gewesen ohne eine Revolution in der Wirtschaftsweise und im Denken.

Denn die neuen Techniken brauchten Kapital, sehr viel Kapital. Und damit sich dessen Einsatz rentierte, mussten immer neue, immer bessere Techniken entwickelt werden. In England ließ der Herzog von Bridgewater einen 61 Kilometer langen Kanal von Manchester nach Liverpool bauen – der mittels eines 183 Meter langen und 12 Meter hohen Aquädukts sogar einen Fluss überspannte. Sinn des spektakulären Bauwerks: Der Duke wollte die Steinkohle aus seinen Bergwerken schnell an die energiehungrige Kundschaft liefern.

Schon seit 1720 setzten Grubenbesitzer Dampfmaschinen beim Kohleabbau ein. Die ersten simplen Maschinen dienten noch dazu, das Wasser aus den stetig tiefer reichenden Bergwerksstollen zu pumpen. Dann entwickelten Techniker immer ausgefeiltere Versionen, die immer ausgefeiltere Maschinen antrieben – weil die neuen Fabrikherren dafür bezahlten. Bis 1800 wurden rund 500 Maschinen in England installiert. Der England-Fahrer Johann Conrad Fischer schrieb in sein Reisetagebuch: »Man wird ganz irre, nur an der Möglichkeit, wie die unermesslichen Capitalien für alles, was man sieht, herbeigeschafft werden konnten.« Der industriellen Revolution wäre ohne den Kapitalismus das Geld ausgegangen. Und der hatte seine ganz eigenen Gesetze. Der Besitz von Geld war nicht mehr nur ein Ergebnis des Wirtschaftens – es war seine Voraussetzung. Die Feudalherren der untergehenden Ordnung hatten noch die Erzeugnisse ihrer Ländereien (und ihrer Leibeigenen) verkauft, um mit dem erlösten Geld neue Waren zu kaufen und sich so ihr oft pompöses Leben auszustatten: Sie tauschten Ware gegen Geld gegen Ware. Die Grundlage dieses schlichten Wirtschaftens war ihr Land, und da sich das nicht vergrößern ließ, war auch kaum Wachstum möglich – ein Grund für die relative Stagnation der vorangegangenen Jahrhunderte.

Die neuen Kapitalisten hingegen gingen ganz anders vor. Sie setzten Geld ein, um Waren zu produzieren und durch deren Verkauf noch mehr Geld zu bekommen: Sie tauschten Geld gegen Ware gegen mehr Geld. Heute klingt das wie eine betriebswirtschaftliche Binsenweisheit – damals war es spektakulär neu. Zwischen 1850 und 1960 wuchs die Wirtschaft Westeuropas etwa vierzig- bis fünfzigmal schneller als im Durchschnitt der 600 Jahre zuvor.

Die Feudalherren hatten ihre Lehnsrechte und damit ihre wirtschaftliche Basis schlicht durch Geburt erworben – die Kapitalisten mussten sich ihre Märkte selbst erobern. Auch das schuf Gräben. Karl Leberecht Immermann ließ in seinem 1836 geschriebenen Roman »Die Epigonen« einen Fabrikbesitzer über die Adligen sagen: »Weil sie nie etwas zu erringen brauchten, so denken sie auch nicht an das Vermehren, kaum an das Bewahren.«

Der Adel, so sah es das aufstrebende Bürgertum, war durch Müßiggang degeneriert, der Erfolg der neuen Wirtschaftsweise auch ein politischer Triumph über die alten Herrscher. Der Fabrikherr aus Immermanns Roman sagt: »Es ist noch nicht so gar lange her, dass wir nur mit dem Beisatze Bürgerkanaille genannt wurden, wenngleich das jetzt schon wie veraltet klingt. Was mich betrifft, ich will mich jedenfalls an mei-

nem Platze bestreben, die alten Feudaltürme und Burgver-
liese zu sprengen.« Tatsächlich verdrängte die neue Klasse
der Kapitalisten die alten Eliten nach und nach – erst wirtschaftlich, dann auch politisch.

Über Jahrhunderte hatten die Menschen Europas ihren festen
Platz in einer vermeintlich gottgewollten Ständeordnung gehabt: einige oben, die meisten ziemlich weit unten. Im Feudalismus gehörte nur etwa ein Prozent der Bevölkerung zu den
berechtigten Grundherren – die meisten Menschen auf dem
Land waren noch nicht einmal frei, über Beruf oder Wohnort zu
entscheiden. Wirtschaft war entweder eine statische Veran-
staltung zum Wohle der Herrschenden oder sollte – nach den
Ideen des Merkantilismus, der vom 16. bis 18. Jahrhundert
dominierte – vom dirigistischen Staat geregelt werden.

Doch durch die Aufklärung änderte sich das Bild vom Menschen, die Französische Revolution (1789 – 1799) brachte
die alte Ordnung in großen Teilen Europas ins Wanken. Auch

in Deutschland wurde der Feudalismus im frühen 19. Jahrhundert offiziell abgeschafft, die Bauern wurden nach und nach befreit, die Gewerbefreiheit wurde eingeführt: Jeder, der Gewerbesteuer zahlte, sollte nahezu jedes Gewerbe ausüben können. In einer preußischen Regierungsinstruktion von 1817 hieß es, Aufgabe sei, »einem jeden innerhalb der gesetzlichen Schranken die möglichst freie Entwicklung und Anwendung seiner Anlagen, Fähigkeiten und Kräfte sowohl in moralischer als physischer Hinsicht zu gestatten«. Plötzlich zählte der Einzelne, zumindest im Prinzip.

Eine besondere Eigenart des Einzelnen wurde zum Motor des wirtschaftlichen Fortschritts erklärt: sein Egoismus. Der in Schottland geborene Moralphilosoph und Nationalökonom Adam Smith (siehe S. 154) war der Chefideologe der neuen Zeit, sein Hauptwerk »Der Wohlstand der Nationen« von 1776 gilt bis heute als Grundsatzprogramm des Wirtschaftsliberalismus und einer effizienten Ökonomie. Dieser Adam Smith schreibt: »Wir erwarten uns unser Abendmahl nicht von der Wohltätigkeit des Fleischers, Bauers oder Bäckers, sondern von deren Bedacht auf ihre eigenen Interessen. Wir wenden uns nicht an ihre Menschlichkeit, sondern an ihre Eigenliebe.«
Denn der Einzelne sei stets bemüht, sein Kapital so nutzbringend wie möglich zu investieren. Dabei gehe es ihm ausschließlich um seinen eigenen Vorteil – doch indem er sich so verhalte, werde er sein Kapital dort einsetzen, wo es »notwendigerweise auch dem Land den größten Nutzen bringt«. Denn niemand, so Adam Smith, wird sein Geld dort investieren, wo es keinen Abnehmer gibt, niemand ein Produkt anbieten, das keiner braucht und also sinnlos ist. Wo es aber Bedarf und Nachfrage gibt, wird auch ein Investor das pas-

DAS TREIBT DIE WELT VORAN

Die Dampfmaschine von James Watt, 1788

Die Dampfmaschine: Thomas Newcomen und Thomas Savery bauen von 1711 an erste Dampfmaschinen für das Abpumpen von Grubenwasser im Bergbau. 1769 patentiert James Watt entscheidende Verbesserungen. Bereits in der ersten Hälfte des 19. Jahrhunderts wurden Watts Maschinen vielfältig eingesetzt. Zum Beispiel für den Antrieb von Webstühlen, Spinnereien und Sägemaschinen – die Technik wird zur treibenden Kraft der Industrialisierung.

sende Produkt oder die erwünschte Dienstleistung anbieten – schlicht, weil er damit Geld verdienen kann. Allein »die unsichtbare Hand des Marktes« entscheidet, welche Investition sich lohnt, welches Produkt zu welchem Preis einen Abnehmer findet, welche Firma überlebt. Produzent und Kunde werden sich finden, beide profitieren vom Egoismus des anderen, und die gesamte Volkswirtschaft profitiert von den so zustande kommenden Geschäften.

Stockmeyer in Hamburg zum Beispiel war stets auf einer fiebrigen Suche nach neuen Märkten für seine neuen Produkte. Nur deshalb vergrößerte er ständig seine Fabrik und beschäftigte immer mehr Arbeiter. Der allgemeine Egoismus ist, so lernen wir bei Smith, keine üble Begleiterscheinung des Kapitalismus, sondern sein Schwungrad. Er ist neben Geld die zweite Voraussetzung des neuen Wirtschaftens.

Und noch etwas Drittes braucht der junge Industriekapitalismus in großer Zahl: Menschen. Menschen, welche die neuen Maschinen bedienen, Menschen, die in den Bergwerken Kohle und Erz fördern, um den rasant wachsenden Bedarf an Energie und Eisen zu decken. Und wo die Stollen zu eng sind für Erwachsene, werden eben Kinder in den Berg geschickt. Denn Menschen gibt es mehr als genug. Auf dem Gebiet des späteren Deutschen Reiches wächst die Bevölkerung zwischen 1800 und 1850 von 23 Millionen auf 36 Millionen, Anfang der 90er-Jahre ist die 50-Millionen-Grenze überschritten. Noch nie zuvor in der Geschichte ist die Bevölkerung so schnell gewachsen. Das liegt unter anderem an einer besseren Lebensmittelversorgung durch eine effizientere Landwirtschaft. Und an Fortschritten der Medizin, die nach und nach immer mehr Bevölkerungsteilen zugute kommen.

Zugleich ist das Land voll von Menschen, die aus der Leibeigenschaft der Feudalzeit entlassen wurden. Sie sind nun, wie Karl Marx trocken bemerkt, »doppelt frei«: frei von ihrer existenziellen Abhängigkeit vom Grundherrn, frei aber auch von dessen Schutz und vor allem von Eigentum. Das zwingt sie, ihren einzigen Besitz zu verkaufen, ihre Arbeitskraft – und führt sie in eine neue Unfreiheit. Vor allem sie und ehemalige Handwerker bilden die neue Klasse der Arbeiter. Wegen ihrer großen Zahl ist menschliche Arbeitskraft im frühen Kapitalismus billig wie Dreck.

Der Aufstieg der neuen Wirtschaftsform schafft viele Verlierer. Johann Adam Weiß, Senator in Speyer, beklagt schon früh den Niedergang des Handwerks: »Eine nicht geringe Ursache des Verfalls der Nahrung der Gewerbe liegt in der Erfindung so vieler Maschinen, die den Händen das Brod raubt.« Die neue Produktionsweise ruiniere zudem die Preise. Viele Waren seien »um den zehnten Theil des Preises zu haben, den sie anfänglich bei ihrer Seltenheit hatten. Der Ueberfluß dieser Dinge setzte ihren Werth herab«. Zu Hunderten seien in den Städten arbeitslose Handwerker zu finden. 1831 war jeder vierte Einwohner Berlins von öffentlicher Unterstützung abhängig.

Die Entwurzelten dieser Zeit werden zu Opfern einer effizienten Produktion, deren Zauberwort Arbeitsteilung heißt. Gleich der erste Satz in Adam Smiths »Der Wohlstand der Nationen« lautet: »Die Arbeitsteilung dürfte die produktiven Kräfte der Arbeit mehr als alles andere fördern und verbessern.« Auch das war neu. Stockmeyers Vater zum Beispiel hatte seine Spazierstöcke noch komplett selbst gefertigt, entsprechend gering war der Ausstoß seiner kleinen Werkstatt. Der Sohn hingegen zerlegte die Produktion in einzelne Arbeitsschritte.

Smith erklärte am Beispiel der Stecknadelproduktion, worum es ihm ging. In einer Manufaktur dieser Art, die er besucht hatte, gliederte sich die Herstellung der Stecknadeln in 18 einzelne Schritte, die von jeweils spezialisierten Arbeitern besorgt wurden. »Obwohl sie nun sehr arm und nur recht

*Die »Spinning Jenny«, eine frühe automatische Spinnmaschine,
ersetzt von 1770 an zunehmend den Menschen*

und schlecht mit dem nötigen Werkzeug ausgerüstet waren, konnten sie zusammen am Tage doch zwölf Pfund Steck- nadeln anfertigen, wenn sie sich einigermaßen anstrengten.« Das machte pro Arbeiter 4800 Stück am Tag. Jeder Arbeiter allein hätte »gewiss nicht einmal 20, vielleicht sogar keine einzige Nadel am Tag zustande gebracht«. Nur die »sinnvolle Teilung und Verknüpfung der einzelnen Arbeitsgänge« führe also zu einem guten Ergebnis. Heute fertigt eine kleine Firma wie die Gerhard Weyland KG im sauerländischen Iserlohn mit zehn bis zwölf Mitarbeitern übrigens fünf bis acht Millio- nen Steck- und andere Nadeln aller Art pro Tag. Adam Smith hätte seine Freude daran gehabt.

Tatsächlich ist die arbeitsteilige Produktion eine Grundlage der heutigen Hochleistungsökonomie. Seit Henry Ford sein

Auto »Model T« 1913 erstmals an einem Fließband montieren ließ, ist diese Art der Herstellung zum Sinnbild der Industriearbeit geworden. Und die Arbeitsteilung funktioniert nicht nur innerhalb der Firmen, also zwischen den Arbeitern, sondern auch zwischen Unternehmen.

Seine Grenzen hat der Nutzen der Arbeitsteilung, auch das erkannte Smith, allerdings in der Größe des Marktes. Um im historischen Beispiel zu bleiben: Für ein Dorf mit 200 Einwohnern lohnt sich keine Stecknadelfabrik. Der Markt muss also größer werden – indem neue Transportmittel und organisierter Handel ihn räumlich ausdehnen oder indem die Bevölkerung wächst. Letzteres erfordert eine bessere Versorgung, die wiederum verlangt eine höhere Wirtschaftskraft – und die ist durch Arbeitsteilung zu erreichen. So oder so schließt sich der kapitalistische Kreis von Effizienz, Zwang zur Größe und Wachstum. Heute produzieren hoch spezialisierte Firmen für globale Märkte. Darunter geht es oft nicht mehr. Die Heidelberger Druckmaschinen AG zum Beispiel verkauft ihre hochkomplexen Anlagen in 170 Länder der Welt.
Die Menschen im jungen Kapitalismus aber zahlen damals für die neuen Konzepte einen hohen Preis. Die konsequente Spezialisierung auf einfachste Arbeitsschritte, kombiniert mit extrem langen Arbeitszeiten und echten Hungerlöhnen – all das schafft eine neue Stufe der Verelendung. Schon Adam Smith analysiert kühl: »Jemand, der tagtäglich nur wenige einfache Handgriffe ausführt, die zudem immer das gleiche oder ein ähnliches Ergebnis haben, hat keinerlei Gelegenheit, seinen Verstand zu üben (…) So ist es ganz natürlich, dass er so stumpfsinnig und einfältig wird, wie ein menschliches Wesen nur eben werden kann.« – »Solch geistige Trägheit« zerstöre die Fähig-

keit zu »differenzierten Empfindungen« und die »Urteilsfähig-
keit selbst den Dingen des täglichen Lebens gegenüber«.

Doch das ist es nicht allein. Nie zuvor hat sich das Leben der
einfachen Leute so schnell geändert wie im entstehenden Industriekapitalismus, und das in fast allen Bereichen. Ob in
der dominierenden Landwirtschaft oder bei kleinen Hand-
werkern: Wohnen und Arbeit hat über Jahrhunderte am selben Ort stattgefunden, im selben Haus. Mit dem Entstehen
der ersten Fabriken trennen sich die Lebensräume: Heraus-
gerissen aus ihrem Umfeld, verbringen die neuen Arbeiter 14,
15 Stunden am Tag in düsteren Werkhallen. Bisher haben auf
dem Land stets Sonnenaufgang und Sonnenuntergang den
Tagesrhythmus bestimmt, das Leben folgte dem Wechsel
der Jahreszeiten. Die neuen Arbeiter hingegen sind dem Diktat der Maschinen unterworfen, und wann Feierabend ist, bestimmt allein der Fabrikherr. Es ist kein Akt der Mildtätigkeit,
dass die neuen Industriellen ihren Gemeinden oft eine Kirch-
turmglocke spendieren – die Arbeiter sollen wissen, was die
Stunde geschlagen hatte.

Die Städte haben sich lange wenig verändert, noch im frühen
19. Jahrhundert sehen sie weitgehend aus wie im Mittelalter
– mit Gräben und Wällen, Mauern und Toren. Nachts werden
sie geschlossen und nur gegen ein »Aufgeld« geöffnet. Um
1800 leben nicht einmal zehn Prozent der Bevölkerung in Gemeinden mit mehr als 5000 Einwohnern (heute sind es fast
84 Prozent). Die 18 deutschen »Großstädte« mit mehr als
20 000 Bewohnern kommen zusammen nicht einmal auf eine
Million Menschen.

Nun aber beginnen die Städte rasant zu wachsen – in die
Höhe und in die Breite: Kleine Häuser werden durch große
ersetzt, in Metropolen wie Berlin beginnt man Bürgersteige

Am 27. September 1825 wird in England die erste öffentliche Eisenbahnlinie zwischen Stockton und Darlington eröffnet.

Die Bahn lässt Städte zusammenrücken und vergrößert so Märkte.

anzulegen. Schließlich werden die alten Stadtmauern eingerissen und Fabriken im alten Vorland gebaut, weit weg von den Wohnungen der Arbeiter. Und es entstehen Städte neuen Typs wie Gelsenkirchen, die zunächst wenig mehr als Anhäufungen von Fabriken sind.

Die Alte Welt war klein gewesen für die Menschen, die in ihr lebten. Denn schnelle Transportmittel für Waren und Menschen gab es kaum, auch daran hatte sich über lange Zeit wenig geändert.

»Napoleon kommt ebenso langsam voran wie Julius Cäsar«, bemerkte der französische Schriftsteller Paul Valéry, Goethes berühmte »Italienische Reise« dauerte fast zwei Jahre. Natürlich gab es schon Handel, auch Fernhandel. Doch für die meisten Kleinproduzenten in Landwirtschaft und Handwerk war der Markt buchstäblich so groß, so weit ihre Füße sie trugen. Selbst der Jungindustrielle Stockmeyer ging zur Messe in Leipzig von Hamburg aus zu Fuß. Doch bald überwinden Eisenbahnen, Kanäle und wachsende Handelsflotten den Raum, und Theoretiker wie Adam Smith oder der Engländer David Ricardo (siehe S. 157) denken in ihrer ökonomischen Logik international.

»In Treibhäusern, Mistbeeten und mit erwärmtem Mauerwerk«, doziert Smith, »lassen sich auch in Schottland recht gute Trauben ziehen und daraus auch sehr gute Weine keltern, nur würden sie etwa dreißigmal so viel kosten wie ein zumindest gleich guter aus dem Ausland.« Das ergäbe keinen Sinn, »nur um den Anbau von Klarett und Burgunder in Schottland anzuregen«. Eine gleiche »Torheit« sei es, »wenn auch eine nicht ganz so auffällige«, für jede andere Investition »auch nur ein Dreihundertstel mehr Kapital und Arbeitskräfte« aufzubringen, als nötig wäre, wenn man das Produkt anderswo kaufte. Immer lohne es sich für eine Volkswirtschaft, Waren zu importieren, wenn diese im Ausland günstiger produziert werden können.

Das war ein radikales Plädoyer für den Freihandel, also ein Handelssystem zwischen den Völkern, in dem der Warenaustausch durch keinerlei Zölle und Beschränkungen behindert wird. Es entsprach ohne Zweifel ökonomischer Rationalität – wenn auch bis heute hoch umstritten ist, ob der unbeschränkte Handel tatsächlich immer allen Beteiligten hilft.

Für die Menschen in den sich entwickelnden Industrierevieren Deutschlands bedeutete dieses Konzept jedenfalls neue Härten. Kurz zuvor hatten sie vielleicht noch ihre Scholle bewirtschaftet und Kartoffeln für den Markt in der nahen Kleinstadt produziert – nun standen sie etwa als Lohnweber in unmittelbarer Konkurrenz zu den modernen Fabriken Englands. Und diese Konkurrenz war gnadenlos: Die Leinenpreise fielen in der ersten Hälfte des 19. Jahrhunderts fast um die Hälfte. Wenn in Manchester neue Webmaschinen in Betrieb genommen wurden, konnte das Menschen in Schlesien oder Wuppertal ihre ärmlichen Jobs kosten. Auch das war eine zuvor unbekannte, bittere Erfahrung.

Tatsächlich hat der Kapitalismus mit seiner unbändigen wirtschaftlichen Dynamik auf lange Sicht allen mehr Wohlstand gebracht – so wie es seine Theoretiker wie Adam Smith vorhergesagt hatten. Heute sind die Ärmsten in den Industrienationen ungleich reicher als die Armen vor 200 Jahren. Doch zu Beginn des 19. Jahrhunderts war das noch ein sehr langer Weg. Damals standen dem jungen Kapitalismus seine härtesten Kämpfe noch bevor.

KAPITALISMUS KOMPAKT

Was geschieht?

Der Feudalismus wird abgeschafft, die Leibeigenschaft aufgehoben, die **Gewerbefreiheit** *eingeführt. Nach und nach wachsen die bürgerlichen Freiheiten, konstitutionelle Monarchien ersetzen die absolutistischen. Die Industrialisierung Europas beginnt – um 1760 in England, knapp 50 Jahre später auch auf dem Kontinent: Die Produktion wird mechanisiert, durch Arbeitsteilung effizienter gemacht und in ersten Fabriken zusammengefasst. Die* **Dampfmaschine** *ersetzt immer öfter die Kraft von Menschen und Tieren. Legionen von Arbeitern bauen die Verkehrswege aus, erste Eisenbahnen (seit 1804 in England, seit 1835 in Deutschland) revolutionieren den Transport. Diese Entwicklungen werden zumeist von privaten Kapitalgebern vorangetrieben, die ihr Geld in der Hoffnung auf Gewinne investieren – der moderne Kapitalismus entsteht. Die Bevölkerung wächst sehr schnell. Neue* **Städte** *entstehen, die alten wachsen und ändern ihr Gesicht.*

Was läuft schief?

Der rasante Strukturwandel hat viele Verlierer. Traditionelle Handwerker sind der Konkurrenz der Fabriken nicht gewachsen. Bevölkerungswachstum und Bauernbefreiung schaffen ein Überangebot billiger Arbeitskräfte. Es entsteht die Klasse der Fabrikarbeiter (ergänzt durch abhängige Heimarbeiter), die oft unter unmenschlichen Bedingungen zu Hungerlöhnen arbeiten. Noch gibt es keine Institutionen oder Selbstorganisationen, die die Ausbeutung verhindern könnten. Die **Armut** zwingt ab den 1820er-Jahren Hunderttausende, nach Übersee auszuwandern.

WICHTIGE BEGRIFFE DER ÖKONOMEN

KAPITALISMUS: *Der Begriff wurde Mitte des 19. Jahrhunderts erstmals verwandt und vor allem von Karl Marx (siehe S. 161) und seinen Schülern geprägt, weshalb er als Kampfbegriff gilt – von »Kapitalismus« sprachen lange Zeit nur »Antikapitalisten« oder wer sich dafür hielt. Nüchterner verstanden, bezeichnet er eine Wirtschaftsordnung, die (stark vereinfacht) folgende Merkmale aufweist:*

– Die Produktionsmittel (zum Beispiel Maschinen) sind in Privateigentum. Die Eigentümer haben Verfügungsgewalt und treffen Produktionsentscheidungen selbst oder sie delegieren sie an andere, zum Beispiel an Manager – wie das etwa die Eigentümer einer Aktiengesellschaft (die Aktionäre) tun.

– Das Wirtschaftsgeschehen wird nicht über eine Planungsinstitution gelenkt, sondern über den Markt koordiniert. Dort entscheiden sich Erfolg und Misserfolg eines Produktes oder einer Dienstleistung und deren Preis. Auch der Bedarf an Arbeitskräften wird über den Markt gesteuert: den Arbeitsmarkt.

– Das prinzipielle Ziel dieses Wirtschaftens ist es, Gewinn zu erzielen, also das eingesetzte Kapital zu vermehren. Das schließt nicht aus, dass einzelne Akteure abweichende Ziele verfolgen, so kann ein Verleger zum Beispiel eine Zeitung auch aus politischen Motiven betreiben.

– Der Staat setzt mit seinen Gesetzen den Rahmen und wacht über deren Einhaltung, hält sich aber aus dem Wirtschaftsablauf weitgehend heraus.

DIE UNSICHTBARE HAND: In einer solchen kapitalistischen Marktwirtschaft handelt jeder Akteur nach eigenen Interessen und auf eigene Rechnung – ein ungeplantes, augenscheinlich chaotisches System. Dennoch funktioniert es (oft) ziemlich gut. Warum ist das so?

Adam Smith (siehe S. 154) hat den Begriff der »unsichtbaren Hand« geprägt. Er schreibt: Der Einzelne »verfolgt lediglich seinen eigenen Gewinn und wird in diesen wie in vielen anderen Fällen von einer unsichtbaren Hand geleitet, einen Zweck zu fördern, den er in keiner Weise beabsichtigt hatte« – nämlich das allgemeine Wohl. Die »unsichtbare Hand« des Marktes führt nämlich Anbieter einer Ware und deren Kunden zusammen, lässt sie einen Preis für diese Ware finden und sorgt dafür, dass aus dem Eigeninteresse der Beteiligten Geschäfte entstehen, von denen alle profitieren. Smiths »unsichtbare Hand« sind letztlich ökonomische Gesetze: die Regeln des Marktes, die auch dann funktionieren, wenn die Beteiligten sie gar nicht kennen.

DER PREIS: Was kostet eine Ware? Diese Frage interessiert Konsumenten oft am meisten. Für Ökonomen ist der Preis viel mehr als das, was auf dem Preisschild steht: Er ist ein wichtiges Steuerungsinstrument.

Bereits die Klassiker grübelten, was den Wert einer Ware ausmacht. Adam Smith überlegte, dass es doppelt so lange dauere, einen Biber zu erlegen wie einen Hirschen – also sei für den Biber der doppelte Preis angemessen. Allerdings wird, wer viel Fleisch braucht, für den Hirschen mehr auszugeben bereit sein. Offenbar spielt also nicht nur der Arbeitswert, sondern auch der Nutzwert einer Ware bei der Preisbildung eine Rolle. David Ricardo (siehe S. 157) hat das Beispiel noch erweitert: Schließlich hat auch die Herstellung der Waffe Zeit gekostet. Je mehr Tiere aber mit der Waffe erlegt werden, desto geringer können ihre Kosten in der Kalkulation veranschlagt werden – das ist die Idee hinter der industriellen Massenproduktion. Wenn Waffenbesitzer (Kapitaleigner) und Jäger (Arbeiter) verschiedene Personen sind, wird die Rechnung noch diffiziler, denn beide wollen für ihren Einsatz entlohnt werden – der Arbeiter durch den Lohn, der Kapitaleigner durch den Profit.

Aber auch das Verhältnis von Angebot und Nachfrage bestimmt den Preis. Ist das Angebot größer als die Nachfrage, sinkt der Preis – und umgekehrt. Der Gleichgewichtspreis (»markträumende Preis«) ist erreicht, wenn sich beide die Waage halten. So jedenfalls die Theorie. Ein funktionierender Markt braucht totale Preiskonkurrenz. Die aber ist brutal, weshalb die Anbieter sie auszuschalten versuchen: durch Preisabsprachen, Monopolbildung und viele andere Tricks. Aber auch die andere Seite handelt ähnlich. Durch kollektive Lohnverhandlungen versuchen die Arbeitnehmer, die Preiskonkurrenz für ihre »Ware« auszuschalten. Ihre Ware ist die Arbeit, und auch Arbeit hat ihren Preis.

DER KOMPARATIVE VORTEIL: Smith und Ricardo waren Anhänger des freien Handels zwischen den Völkern, der durch keinerlei Zölle und Beschränkungen behindert werden sollte. Ricardo behauptete, der Warenaustausch zwischen zwei Ländern lohne sich selbst dann für beide, wenn ein Land *alle Güter günstiger herstelle als das andere. Sein Beispiel ging so: Portugal produziere sowohl Wein als auch Tuche billiger als England. Beim Wein sei aber der Vorsprung viel größer als beim Tuch. Dann sei es für die Portugiesen lohnend, sich auf die Herstellung des Weins zu konzentrieren (da haben sie einen »komparativen Kostenvorteil«) und die Tuche komplett aus England zu importieren. Denn um eine bestimmte Menge Tuche selbst zu weben, müssten sie viel mehr Arbeit und Geld investieren als in die Produktion des Weins, den sie in die gleiche Menge englischer Tuche eintauschen können. Die Engländer (die beim Tuch den »komparativen Kostenvorteil« haben) machen es andersherum, und beide profitieren.*

Was Ricardo meinte, erklärt ein simples Beispiel: Michael Schumacher fährt so schnell mit einem Formel-1-Auto im Kreis wie kaum ein anderer, und er verdient damit sehr viel Geld. Mal angenommen, er wäre auch mit dem Pinsel sehr fix und könnte seine Zimmertüren schneller lackieren als der Maler am Ort. Trotzdem wird er seine Zeit für Autorennen nutzen und dem Maler die Lackarbeiten überlassen – und der ist klug beraten, sich auf sein Handwerk zu konzentrieren und nicht zu versuchen, Schumacher den Job im Ferrari streitig zu machen. Schumi kann also beides besser, und doch profitieren beide, wenn sie sich die Aufgaben teilen.

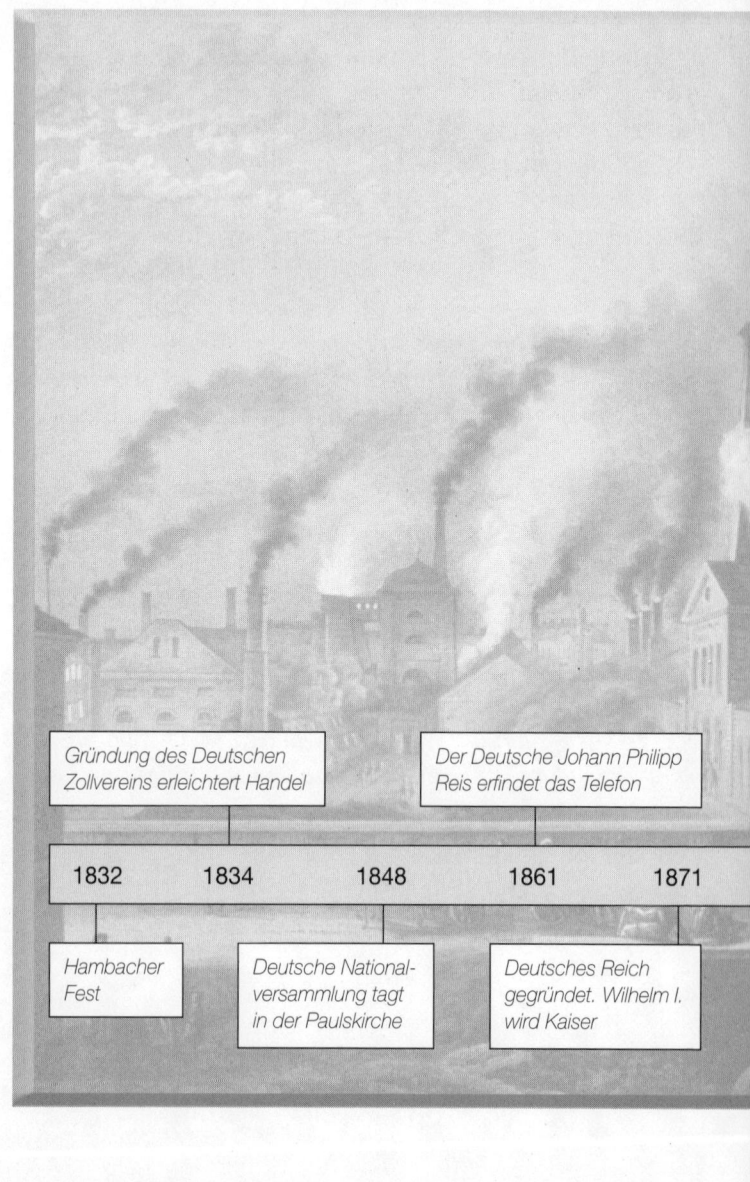

Gründung des Deutschen
Zollvereins erleichtert Handel

Der Deutsche Johann Philipp
Reis erfindet das Telefon

| 1832 | 1834 | 1848 | 1861 | 1871 |

Hambacher
Fest

Deutsche National-
versammlung tagt
in der Paulskirche

Deutsches Reich
gegründet. Wilhelm I.
wird Kaiser

Das Elend des Fortschritts

1830–1918

Bei Stuttgart fährt das erste
Fahrzeug mit Benzinmotor

Das erste Kino zeigt in
Paris öffentlich Filme

| 1883 | 1885 | 1895 | 1914 |

Krankenversicherung
für Arbeiter eingeführt

Beginn des
Ersten Weltkriegs

Die Welt verändert sich in nie gekanntem Tempo. Das 19. Jahrhundert bringt Eisenbahn, Elektrizität und das Automobil hervor – aber auch Massenelend. Karl Marx sagt die Weltrevolution voraus. Er irrt sich. Denn der Kapitalismus verändert sich so, dass allmählich auch die Arbeiter von ihm profitieren

Die Soldaten feuern drei Salven in die Menge der anstürmenden Weber. Eine Frau, die 200 Meter entfernt steht, sinkt regungslos nieder. Einem Mann tritt das Hirn über dem Auge aus; einem Achtjährigen zertrümmert eine Kugel das Knie. Elf Menschen sterben, dazu gibt es Dutzende Verwundete. Doch an diesem Tag, dem 5. Juni 1844, können auch Schüsse die schlesischen Weber nicht stoppen. Mit Steinen, Knüppeln und Äxten rücken sie gegen das Haus des Fabrikanten Christian Gottlob Dierig in Langenbielau vor. Major von Rosenberger, der die zum Schutz herbeigeholten preußischen Infanteristen kommandiert, befiehlt eilig den Rückzug. Für einen historischen Moment haben die Arbeiter gesiegt. An diesem Nachmittag entsteht ein Mythos, von dem Sozialdemokraten und Kommunisten über Generationen zehren werden: Ihr könnt etwas tun gegen den mörderischen Kapitalismus und seine Büttel, lehnt euch auf, gemeinsam seid ihr stark.

Die wilden Tage im Eulengebirge stehen am Anfang einer neuen Epoche der deutschen Wirtschaftsgeschichte. Kapitalismus und Industrialisierung erobern den Kontinent. Damit beginnt Mitte des 19. Jahrhunderts ein bis dahin unvorstellbarer wirtschaftlicher Aufstieg. Erkauft, wie heute in Ostasien, mit dem Elend der einfachen Arbeiter und ihrer Familien.

In Schlesien zahlen selbst vergleichsweise sozial eingestellte Fabrikanten wie die Dierigs Hungerlöhne. Andere versuchen, das Letzte aus ihren Arbeitern herauszupressen. Wenn der Lohn für Kartoffeln nicht reiche, könnten sie doch Gras fressen, sollen die Brüder Zwanziger aus Peterswaldau ihren Arbeitern geraten haben. Gegen sie vor allem richtet sich der Zorn der Aufrührer.

Bei ihrem Marsch auf Fabriken und Villen singen sie »Das Blutgericht« – eine Art Marseillaise, nach der lieblichen Melodie der Weise ›Es steht ein Schloss in Österreich‹: »Hier wird der Mensch langsam gequält – Hier ist die Folterkammer – Hier werden Seufzer viel gezählt – als Zeugen von dem Jammer – die Herren Zwanziger die Henker sind – die Dierig ihre Schergen.«

Als Familie Zwanziger vor den Anstürmenden nach Breslau flieht, lässt sie sechs prächtige Gebäude zurück. Die Fensterscheiben sind in Kirschholz gerahmt, die Treppengeländer aus Mahagoni. In Spiegelscheiben können sich die feinen Töchter bewundern.

Die Häuser sind Monumente dessen, was der neue Kapitalismus für die Sieger bereithält. Sie profitieren vom entfesselten Spiel von Angebot und Nachfrage; auch und gerade auf dem Arbeitsmarkt. Denn Arbeiter gibt es im Eulengebirge im Übermaß, Arbeit dagegen nur wenig. Und so kann Zwanziger den Preis für acht volle Tage Weberarbeit, vom Morgengrauen bis tief in die Nacht, auf zwölf Silbergroschen drücken; ja, sogar anbieten, er werde noch 300 arme Schlucker einstellen, wenn sie für zehn Silbergroschen webten.

Das also ist die Freiheit. Das Ende der »Erbuntertänigkeit«, des Feudalstaates und der Knechterei. Über Jahrhunderte

DER MENSCH IN SEINER ZEIT:

Die durchschnittliche Lebenserwartung liegt 1870 bei etwa 37 Jahren, 1900 fast zehn Jahre höher
Das Einkommen der Arbeiter ist bis etwa 1880 so niedrig, dass es gerade zum Überleben reicht. Danach steigen die Löhne moderat an
Soziale Sicherheit versprechen die ab 1883 eingeführte Kranken-, Unfall- und Altersversicherung. Die Leistungen sind aber niedrig
Die Kommunikation wird durch Telegraf und Telefon beschleunigt

hatten die Bauern, der Großteil der Bevölkerung, in Abhängigkeit von ihren Feudalherren gelebt. Lange haben Preußens Könige mit Reformen gezögert – so lange, bis ihr Land vor der Wahl steht, als Machtfaktor zu verschwinden oder aber dem Kapitalismus den Weg zu ebnen. Die letzten Überreste der Leibeigenschaft fallen, die Gewerbefreiheit wird eingeführt. Für die Bauern bringt die neue Zeit vor allem die Freiheit, an einem Ort ihrer Wahl zu hungern und zu schuften. Oder, wie es Wilhelm Wolff nennt, der den Arbeiteraufstand in Schlesien beschrieben hat: Sie bleiben »arbeitende Sklaven«. Aber »die Besitzenden gewannen, die kleinen weniger, die großen im Unverhältnis mehr«.

Jahrzehnte später treten die beiden schlesischen Fabrikantenfamilien Dierig und Zwanziger, zur Kenntlichkeit entstellt, als Dittrich und Dreißiger in Gerhart Hauptmanns Drama »Die Weber« auf. Die Revolte ist auch am Ende des 19. Jahrhunderts hochpolitisch; noch immer sind die Lebensumstände der Arbeiter erbärmlich.

Der Kaiser ist empört, allerdings weniger über das Leid als über dessen Darstellung. Wegen der »demoralisierenden Tendenz« des Stückes kündigt er seine Loge im Deutschen Theater in Berlin. Friedrich Dierig jr., der Enkel des Firmengründers, klagt gegen das Stück – und verliert. Wohl auch, weil der Kapitalismus in seinem Schlepptau eine Verfassung und ein neues Staatsverständnis mit sich gebracht hat. Die Revolution von 1848 ist zwar gescheitert, aber auch Preußens Könige können die Zeit nicht anhalten. In der Verfassung von 1850 gestehen sie den Bürgern das Recht zu, ein Parlament zu wählen. Demokratisch geht es dabei nach heutigen Standards nicht zu – aber der Absolutismus ist unwiederbringlich vorüber.

Hauptmann reist 1891 ins Eulengebirge. Er will sehen, wie die Enkel der Weber, über die er geschrieben hat, leben. Gemeinsam mit dem Redakteur Max Baginski klopft er an die Tür bei einem Mann in Steinseifersdorf, einem Kaff hinter Peterswaldau. Erst rührt sich nichts, sie klopfen erneut, dann öffnet jemand. Baginski notiert später: »Es zeigt sich ein menschliches Antlitz, dessen Ausdruck der eines wunden, furchtsamen Tieres ist.« Die Kleidung des Mannes besteht aus »ewigen Lumpen, sie scheinen verwachsen mit der von ihnen bedeckten Haut. Ekel erregende einzige Hülle, die nicht fortgeworfen werden darf«. Drinnen auf dem Sitzbrett am Webstuhl hockt eine »zusammengedrückte Frauengestalt«. Nichts Ess- oder Brennbares findet sich in der Hütte.

Der Redakteur fragt Hauptmann, was sein Drama bewirken solle, und der Dichter antwortet: Die Menschen seien nicht gefühllos; auch der Behagliche müsse sich im Innersten getroffen fühlen von solchen Bildern des Menschenjammers. Es sind Bilder, die an die Zustände in den Hütten chinesischer Industriearbeiter unserer Tage erinnern.

Im Deutschland des 19. wie im China des 21. Jahrhunderts ist das Elend der Begleiter des Fortschritts. »Im düstern Auge keine Träne«, dichtet Heinrich Heine über die Weber von 1844. »Sie sitzen am Webstuhl und fletschen die Zähne.« Der Exilant Heine träumt im fernen Paris davon, dass die Not und die Wut das alte Deutschland, von ihm geliebt wie gehasst, hinwegfegen würden: »Wir weben dein Leichentuch. Wir weben hinein den dreifachen Fluch. Wir weben, wir weben.«

Karl Marx (siehe S. 161) jubelt: Endlich hätten die Geknechteten sich gegen die Wurzel des Übels gewandt. »Nicht nur die Maschinen, diese Rivalen des Arbeiters, werden zerstört, sondern auch die Kaufmannsbücher, die Titel des Eigentums.« Die Bediener der Maschine sind für ihn die Sklaven der Maschinenbesitzer. Ein Bewusstsein, das zumindest den randalierenden Schlesiern fehlt. Als in der Firma Dierig der Maschinist ein Ventil öffnet und so die Dampfmaschine zischen lässt, schrecken die aufgebrachten Arbeiter voller Angst zurück. Sie wollen Brot, nicht Revolution. Sie fürchten die Technik wegen ihrer heißen Dämpfe, nicht wegen der Auswirkung auf ihre Arbeitswelt, die sie nicht verstehen.

Die Welt des Kapitalismus funktioniert fast so, wie Adam Smith (siehe S. 154) und andere sie beschrieben haben. Die Befreiung von den Fesseln des Zunftzwanges und der Feudalgesellschaft setzt eine zuvor nicht gekannte Dynamik frei. Aber die Kollateralschäden des Aufschwungs sind gewaltig. Eines haben die frühen Theoretiker vernachlässigt: die Menschen.

Nach Jahrhunderten, in denen die Enkel ebenso lebten wie die Großväter, wandelt sich die Welt in rasendem Tempo. Die Veränderungen sind radikal, brutal, unaufhaltsam. Die Warner klingen heute wie Narren, auch wenn sie damals sagen, was viele – und nicht nur die notorischen Verlierer – empfinden. Als die erste Eisenbahn 1835 in Deutschland in Betrieb geht, raten bayerische Ärzte in einem Gutachten: »Ortsveränderungen mittels irgendeiner Art von Dampfmaschinen sollten im Interesse der öffentlichen Gesundheit verboten sein.« Es drohe »die geistige Unruhe, delirium furiosum genannt«. Schon der Anblick der vorbeirasenden Maschine könne sie auslösen. Eine Barriere, »wenigstens sechs Fuß hoch«, auf beiden Seiten der Strecke sei daher unumgänglich nötig.

Der Dichter Joseph von Eichendorff beklagt einen anderen Verlust: den der Muße. Mit der Bahn komme er, Eichendorff, »mit einer Vehemenz dahergefahren, als käme es bei Lebensstrafe darauf an, dem Reisen, das doch mein alleiniger Zweck war, auf das allerschleunigste ein Ende zu machen«.

So siegt die Effizienz über die Tagträumerei der Privilegierten ebenso wie über die alte Lebensweise der armen Landbevölkerung. Maschinen geben den Takt des Lebens vor. Niemand kann sie aufhalten. Innerhalb weniger Jahrzehnte erobert die Dampfmaschine die Fabrikhallen. In Preußen explodiert die Zahl der Maschinen von einigen hundert in den 30er-Jahren des 19. Jahrhunderts auf fast 30 000 im Jahr 1875.

Immer schneller schreitet die Technisierung voran. Am Vorabend des Ersten Weltkriegs haben allein die Eisenbahnen des Deutschen Reiches Zehntausende Lokomotiven unter Dampf. Sie rollen auf mehr als 60 000 Kilometer Schienen, für die Dämme aufgeschüttet und Tunnel gebohrt werden – erstmals passt sich nicht der Mensch der Natur an, sondern formt sie nach seinen Bedürfnissen. Mit der Kraft des Dampfes wird das Wasser aus den Kohlengruben gepumpt; immer mehr hochwertiger Brennstoff gelangt in die Fabriken.

Die Textilbranche wandelt sich vom Heimgewerbe zur Großindustrie. Die Hochöfen spucken mehr und mehr Eisen aus. Vor Ausbruch des Ersten Weltkriegs waren es 18 Millionen Tonnen pro Jahr. Es ist das Jahrhundert des Maschinenbaus: Neue Werkzeug- und Textilmaschinen erleichtern die Produktion, erste Mähmaschinen kommen auf die Felder, die Rotationsdruckmaschine revolutioniert Presse- und Buchdruck.

Nicht nur die Technik trägt zum Wandel bei, ebenso die Politik, die viele Forderungen der Nationalökonomen erfüllt. Der 1834 gegründete Zollverein erleichtert den Handel. Unter Führung Preußens – aber ohne Österreich – bemühten sich die meisten deutschen Staaten, die Zölle an den gemeinsa-

Arbeiter, die um 1900 im AEG-Werk in Berlin elektrische Spulen produzieren. Neue Branchen wie Chemie- und Elektroindustrie prägen die Wirtschaft der Jahrhundertwende

men Grenzen abzuschaffen und an den Außengrenzen zu einheitlichen Regelungen zu kommen. Auch international öffnen sich die einst zersplitterten und abgeschotteten Märkte. Allein zwischen 1860 und 1870 werden in Europa 120 Handelsverträge geschlossen, davon ein gutes Sechstel unter Beteiligung des Deutschen Zollvereins. Es gibt zwar weiter Zölle, aber sie behindern den Handel nicht wirklich. Ausnahmen gelten etwa beim Getreide, wo die alten Eliten – die adligen Großgrundbesitzer – ihre Interessen gegen die Freihändler noch eine Weile durchsetzen können. Ganz neue Wirtschaftszweige, allen voran Chemie- und Elektroindustrie, entstehen.

Das Bankwesen blüht auf. Gerade außerhalb der traditionellen Zentren Frankfurt und Hamburg steigen mutige Privatbankiers in die Industriefinanzierung ein. Und als Deutschland nach drei Kriegen 1871 politisch geeint ist, beginnt der Aufstieg von drei Geldhäusern, die bald zu den größten des Landes gehören werden: Deutsche Bank, Commerzbank und Dresdner Bank.

Die aufstrebende Wirtschaft und ihre Geldgeber verbünden sich mit den Zielen des neuen Kaiserreichs. Es gehe darum, so die Gründerväter der Deutschen Bank, »dem deutschen Namen in ferneren Gegenden Ehre zu machen und Deutschland auf dem Felde der finanziellen Vermittelung eine Stellung zu erobern, angemessen derjenigen, die unser Vaterland bereits auf dem Gebiete der Civilisation, des Wissens und der Kunst einnimmt«. Auch im Geldgewerbe soll die Vormachtstellung Englands herausgefordert werden.

Die Geschichte der Bank, die 1914 die größte der Welt sein wird, beginnt wie die meisten Gründergeschichten: zwar nicht in einer Garage, aber doch in einem baufälligen Häuschen. Das Treppenhaus in der Französischen Straße 21 in Berlin-Mitte ist dunkel und muffig, der erste Chef – Georg Siemens – hockt in einem »Berliner Zimmer«; also einem Raum, in den kein Licht fällt. Siemens, der der Elektrodynastie entstammt, versteht nichts von Bankgeschäften. 1870 schreibt er an seinen Vetter: »Ich tue indessen sehr gelehrt, zucke ab und zu die Achseln, ziehe das Maul bis an die Ohren – wenn ich nämlich spöttisch lache – und schlage zu Hause heimlich das Konversationslexikon auf, das Fremdwörterbuch oder ›Die Kunst, in 24 Stunden Bankier zu werden‹, um nachzulesen, wenn ich ein mir unverständliches Wort hörte.«

Zumindest in den Anfangsjahren trägt Siemens einen schäbigen Hut und einen Regenschirm, den seine Frau dauernd zur Reparatur bringen muss. Stolz empfindet er, wenn es ihm gelungen ist, bei einer Geschäftsreise nach London für ganze eineinhalb Pence zu frühstücken – an einem Verkaufswagen für Tee und Brötchen auf der Straße. Sein Kollege Hermann Wallich (»Wir wurden sehr schlecht bezahlt«) hilft ihm, ein anständiges Gehalt durchzusetzen.

Siemens und Wallich gehören zur neuen Führungsschicht des Landes, die sich auf wirtschaftliche Macht stützt. Die »Zirkulation der Eliten«, die der Ökonom Vilfredo Pareto (siehe S. 165) beschrieben hat, spült sie nach oben. Ein selbstbewusstes Bürgertum entsteht. Eine Zeit lang werden auch die Besitzenden und Gebildeten noch an den Symbolen der untergehenden Macht hängen, an Titeln und Reserveoffizier-Würden. Die alten Herrscher kaufen ihnen dafür ein paar letzte Tage an der Sonne ab. Nicht mehr Kaiser, Könige und Grundherren stehen im Zentrum der gesellschaftlichen Auseinandersetzung, sondern Besitzbürgertum und Arbeitermassen.

Der Zustand von Industrie und Handel ist plötzlich wichtiger als die Ernte östlich der Elbe. Doch auch wenn aus heutiger Sicht das 19. Jahrhundert als ein einziger Wirtschaftsaufschwung erscheint, wird der immer wieder von schweren Krisen unterbrochen – wie in den 1870er-Jahren, als die Börsenkurse wenige Jahre nach der Reichsgründung in den Keller rauschen. Warum aber gerät die Wirtschaft regelmäßig aus dem Takt? Und wie kommt es, dass die Arbeiter in so offenkundiger Weise benachteiligt werden? Die noch junge Wirtschaftswissenschaft steht vor gewaltigen Herausforderungen – und antwortet mit Konzepten, denen noch heute jeder ihrer Studenten im ersten Semester begegnet.

Eine neue Generation von Ökonomen räumt auf mit der klassischen Vorstellung, dass die Dinge einen objektiven Wert haben. Alles, so erkennen die liberalen Denker des Kapitalismus, ist nur so viel wert wie der Nutzen, den es dem Käufer bietet. Egal, wie edel die Materialien sind und wie viele Arbeitsstunden nötig waren, um das Produkt herzustellen. Gekauft wird exakt die Menge, bei der der Preis dem Nutzen der letzten erworbenen Einheit entspricht. Das war die Grundlage für eine Theorie des Gleichgewichts auf den Märkten. Sie führt Ökonomen wie den Franzosen Léon Walras (siehe S. 163) zum Kern der neoklassischen Theorie. Nämlich der These, dass sich auf Märkten, wenn Konkurrenz herrscht, Angebot und Nachfrage selbst einpendeln. Und zwar an einem Punkt, an dem sich keiner mehr verbessern kann, ohne den Nutzen eines anderen zu schmälern. Die eher intuitiven Annahmen der Klassiker erhalten so eine neue Form.

Nur gerecht geht es deshalb noch lange nicht zu. Das ist den Ökonomen des 19. Jahrhunderts bewusst. Fast verzweifelt suchen viele von ihnen nach Auswegen. Walras fordert die Sozialisierung des Bodens. Alfred Marshall, aufgewachsen im Gestank des Londoner Industrieviertels Bermondsey, sieht gar den Kampf gegen die Armut als wahre Legitimation seiner Wissenschaft. Sie alle versuchen, die beiden zentralen Erkenntnisse ihrer Zunft zusammenzuführen: dass einerseits freie Konkurrenz für Wachstum sorgt, die Produktivität steigen lässt und den gesellschaftlichen Wohlstand mehrt – und dass sich andererseits dieser Wohlstand bei wenigen konzentriert.

Die Sozialisten, deren Weltbild parallel zu den Neoklassikern Gestalt annimmt, gehen noch weiter. Geschichte war für Karl Marx und seine Anhänger eine Abfolge von Klassenkämpfen;

und im aktuellen Kampf stünden sich Arbeiter und Kapitalisten gegenüber. Den heute Elenden – oder deren Nachfahren – winke das Paradies der klassenlosen Gesellschaft, die Ausbeuter seien dem Untergang geweiht. Immer weniger Abnehmer würden sie für ihre Waren finden, ihre Profitrate würde letztlich sinken und die ganze Wirtschaft von Krise zu Krise der Revolution entgegentaumeln.

Tatsächlich spricht vieles dafür, dass es mit dem Kapitalismus so nicht weitergehen kann. Seine Folgen sind barbarisch. Aber – und das ignorieren Marx und sein Mitstreiter Friedrich Engels – irgendwann kippt der Trend. Langsam, kaum merklich, bessert sich die Lage der Arbeiter. Nach der Reichsgründung 1871 reduziert sich allmählich die tägliche Arbeitszeit, die Mitte des Jahrhunderts noch bei 12 bis 16 Stunden am Tag gelegen hat. In wenigen Jahrzehnten wandeln sich die Lebensverhältnisse der – noch immer bitterarmen – Masse.

Am Ende des 19. Jahrhunderts verfügen alle größeren Städte des Reiches über eine moderne Wasserversorgung. Die katastrophalen hygienischen Zustände hellen sich deutlich auf. Und die aus Angst vor der Sozialdemokratie geschaffenen Sozialversicherungen bieten den Industriearbeitern etwas Schutz vor Alter und Krankheit.

Noch immer gibt es, so wie es Hauptmann im Eulengebirge entdeckte, unermessliches Elend in Deutschland. Aber als sich der Theologiestudent Paul Göhre 1890 unter die Industriearbeiter von Chemnitz mischt, um deren Alltag zu studieren, notiert er, wie sich die Lebensbedingungen verbessern. Die Menschen arbeiten noch immer bis zur Erschöpfung, aber anders als ihren Großeltern bleibe ihnen Kraft, um am Wochenende zu feiern. Göhre erregt sich über die Folge davon: den Verfall der Moral auf den Tanzböden der Gegend.

DAS TREIBT DIE WELT VORAN

Elektrische Beleuchtung auf dem Potsdamer Platz 1884

Elektrizität: In der zweiten Hälfte des 19. Jahrhunderts setzt sich die Nutzung der Elektrizität durch – und verändert das Alltagsleben ebenso wie die Wirtschaft. AEG-Gründer Emil Rathenau sichert sich 1881 die Lizenz auf die kurz zuvor von Thomas Edison entwickelte Glühlampe. Elektrische Straßenbahnen verbreiten sich, der Elektromotor verdrängt die Dampfmaschine. In den Jahrzehnten vor dem Ersten Weltkrieg wird die Elektroindustrie zur Boombranche.

Nach deren Besuch gehe »Paar um Paar einsam von dannen, zu einem Nachtspaziergang ins freie Feld, wo nur die Sterne die Sünde sehen«.

Der Fortschritt ist, wenn es ums Soziale geht, eine Schnecke. Doch sogar in Peterswaldau und Langenbielau, der Heimat der schlesischen Weber, ist er zu spüren. In der Feuerwehrgasse in Langenbielau-Dorf baut die Firma Dierig 1883 erste Werkswohnhäuser. 15 Jahre später steht auf dem Dierig-Gelände sogar ein Kindergarten für den Nachwuchs der Beschäftigten. Drei Diakonissinnen führen dort ein strenges Regiment über 200 Arbeiterkinder. Auch um Kranke und Alte kümmert sich Minna Dierig, die mütterliche Frau von Gründer-Enkel Friedrich. Soziale Leistungen werden allerdings vielfach nur auf dem Gnadenwege gewährt.

Auch wenn die Sozialdemokratie im Kaiserreich zur stärksten Partei wird und Millionen sich den Gewerkschaften anschließen, herrschen die Fabrikherren fast uneingeschränkt über ihre Belegschaften. Eines jedoch müssen sie in den Krisen lernen: dass sie die Arbeiter nicht nur für die Produktion brauchen, sondern auch für den Konsum. Wenn alle nur Gras fressen, wie es der verhasste Fabrikant Zwanziger vorgeschlagen hatte, kauft niemand die in immer größerer Zahl hergestellten Waren. Das neoklassische Modell, mit dem die Ökonomen des 19. Jahrhunderts die Welt erklären und verändern, reicht nicht aus, um das Auf und Ab der Konjunktur zu verstehen. Die nächste Revolution in der Wirtschaftswissenschaft zeichnet sich bereits ab. Lostreten wird sie ein Schüler Alfred Marshalls, der Ökonom John Maynard Keynes (siehe S. 169) – aber erst nach der härtesten Krise der Weltwirtschaft, die die Kapitalisten schwerer trifft als alle Aufstände und Revolutionen und das Massenelend zurückbringt nach Mitteleuropa.

KAPITALISMUS KOMPAKT

Was geschieht?

Handarbeit wird mehr und mehr durch Maschinen ersetzt – durch riesige dampfgetriebene Apparaturen, die die im ganzen Land entstehenden Fabriken beherrschen. Technik und Wissenschaft machen gewaltige Fortschritte, die das Leben der Menschen und auch die Kräfteverhältnisse in der Gesellschaft verschieben. Aus den noch zu Beginn des 19. Jahrhunderts vom Feudalismus geprägten deutschen Ländern wird eine **Industrienation**. Bauernbefreiung und Gewerbefreiheit in Preußen schaffen dafür ebenso wichtige Voraussetzungen wie der 1834 gegründete **Deutsche Zollverein**, der den Handel erleichtert. Zölle und Abgaben, die den Warenaustausch behinderten, werden reduziert oder fallen ganz weg. Der Eisenbahnbau revolutioniert den Gütertransport und kurbelt die Eisen- und Maschinenproduktion an. Neue Chausseen erleichtern den Verkehr auf der Straße, die Dampfschifffahrt regt den Handel auch über große Entfernungen an. In allen Teilen der Wirtschaft steigt die Produktivität, also die Wirtschaftsleistung jedes Beschäftigten. Immer mehr Maschinen und Hilfsmittel werden pro Beschäftigten eingesetzt; der Kapitalstock der Wirtschaft vervielfacht sich. Neben Industrie und Bergbau wächst der Dienstleistungssektor, der Anteil der in der Landwirtschaft Beschäftigten hingegen sinkt.

Nach der **Reichsgründung 1871** wird Deutschland rasch zu einem der wichtigsten Exporteure von Industriewaren. Millionen Menschen finden Arbeit in den neuen Fabriken. Eine neue Klasse bürgerlicher Unternehmer entsteht. Obwohl weiter Könige und Kaiser regieren, ist die Zeit des Absolutismus um die Mitte des 19. Jahrhunderts abgelaufen. In Parlamenten wird über die richtige Politik gestritten, wenn auch noch nicht entschieden. Der **technische Fortschritt** lässt bisher unbekannte Industrien wie die Chemie- und Elektrobranche entstehen. Viele der neu gegründeten Firmen wie Siemens oder Bosch werden zu Weltkonzernen. Der relativ freie Welthandel führt zu einer engen Vernetzung der Volkswirtschaften – wovon insbesondere Deutschland wegen der vergleichsweise niedrigen Löhne bei hohem technischem Standard profitiert. Gegenüber der lange führenden Industriemacht Großbritannien holt die Wirtschaft des Reiches deutlich auf; die Nachbarn auf dem Kontinent überflügelt sie.

Was läuft schief?

Die Bevölkerung nimmt vor allem in den industriellen Zentren sehr schnell zu, was zu katastrophalen Wohn- und Lebensverhältnissen der Arbeiter führt. Gerade die hygienischen Bedingungen tragen bis zum Ende des Jahrhunderts zu einer hohen Kindersterblichkeit bei. Auf dem Gebiet des Deutschen Reiches leben 1850 nur 35 Millionen Menschen – 1914 sind es 67 Millionen. Die Beschäftigten in der Industrie arbeiten zwölf und mehr Stunden am Tag zu Löhnen, die kaum ausreichen, um ihre meist großen Familien zu ernähren. Erst im letzten Drittel des 19. Jahrhunderts bessert sich ihre Lage *etwas. Die Einführung von Renten- und Krankenversicherungen schafft ein wenig soziale Sicherheit, auch wenn die Leistungen nicht mit unseren heutigen Systemen vergleichbar sind.*

Statt der Ernteerträge in der Landwirtschaft bestimmen nun stärker die Konjunkturen der Industrie das Wirtschaftsgeschehen. In den Jahrzehnten nach der Reichsgründung übersteigt der Wert der Produktion von Industrie, Handwerk und Bergbau den der Landwirtschaft. Aufstieg und Umbau der deutschen Wirtschaft werden dabei von schweren ökonomischen Krisen begleitet, etwa der Rezession ab 1873.

Was bleibt?

Die Konzepte der neoklassischen Theoretiker des 19. Jahrhunderts bilden noch heute wesentliche Grundlagen der Wirtschaftswissenschaften. Besonders einflussreich ist die Betrachtung marginaler Veränderungen. Sie ist noch immer ein Standardverfahren der Wirtschaftswissenschaften. Das Gleiche gilt für die Nutzung mathematischer Methoden, die mit der Neoklassik eingeführt werden und in den folgenden Epochen immer mehr an Bedeutung gewinnen (und gelegentlich zum Selbstzweck werden).

WICHTIGE BEGRIFFE DER ÖKONOMEN

Liberale Ökonomen entwickeln aus den Ideen der Klassiker wie Adam Smith (siehe S. 154) und David Ricardo (siehe S. 157) neue Konzepte, die insbesondere zu einem besseren Verständnis der Funktionsweise der Märkte beitragen. Die Neoklassiker, wie die neue Generation der Ökonomen genannt wird, gehen davon aus, dass Märkte einem Gleichgewicht zustreben – es könne also dauerhaft weder Überproduktion noch Arbeitslosigkeit geben, wenn die Preise und Löhne flexibel seien. Herausragend ist die Erkenntnis, dass jedes Produkt nur so viel wert ist, wie es seinem Käufer nützt.
Zentrale Überlegungen und Konzepte der Volkswirtschaftler:

DIE GRENZNUTZENTHEORIE: *Mit ihr wird die Preisbildung erklärt. Danach nimmt der Nutzen für den Käufer mit jeder zusätzlich erworbenen Einheit eines Gutes ab. Wer Durst leidet, ist bereit, für das erste Glas Wasser fast jeden Preis zu zahlen. Für das zweite schon weniger, für das 27. nichts mehr. Wenn der Preis für ein Glas Wasser sich nicht ändert, wird der Konsument genau so viel kaufen, dass der Nutzen des letzten gekauften Glases dem Preis entspricht. Diese so genannte »Marginalanalyse« übertragen die Neoklassiker auf alle Bereiche wirtschaftlichen Handelns: Sie wollten verstehen, wie es sich auswirkt, wenn jeder Einzelne sich so verhält, dass der Nutzen seines Handelns möglichst hoch ist.*

DER WALRASIANISCHE AUKTIONATOR *(benannt nach Léon Walras): Mit ihm steht erstmals ein Instrument zur Verfügung, mit dem die Preisbildung an Märkten – letzten Endes also das Wirken von Smiths »unsichtbarer Hand« – verdeutlicht werden konnte. Der fiktive Walrasianische Auktionator ruft zu Beginn einer Periode ein Preissystem aus; Anbieter und Nachfrager offenbaren dann ihre Tauschabsichten, sodass der Auktionator in weiteren Perioden die Preise so anpassen kann, dass ein Gleichgewicht entsteht.*

DAS PARETO-OPTIMUM *(benannt nach Vilfredo Pareto): Es bezeichnet den Punkt, in dem kein Marktteilnehmer sich durch einen weiteren Tausch verbessern kann, ohne dass sich ein anderer verschlechtert. Dahinter steckt eine einfache Überlegung: Wenn einer nur Kartoffeln und der andere nur Frikadellen besitzt, können sich beide wahrscheinlich leicht darauf verständigen, so zu tauschen, dass beide eine Mahlzeit essen können, die ihnen besser schmeckt. Tausch ist also für alle Beteiligten sinnvoll. Aber es gibt einen Punkt, an dem der Handel endet – nämlich genau da, wo zumindest einer sich keinen weiteren Vorteil mehr verspricht.*

DIE VERBINDUNG VON ANGEBOT UND NACH-FRAGE: *Die von einem Gut produzierte Menge hängt von dem Verhältnis der Kosten zum Preis ab; die Nachfrage dagegen bestimmt sich aus dem Verhältnis des Preises zum subjektiven Nutzen. Hieraus leiten sich die weit verbreiteten Darstellungen sich schneidender Angebots- und Nachfragekurven ab. Sie gehen insbesondere auf Überlegungen Alfred Marshalls zurück, der die objektiven Kosten und den subjektiven Nutzen simultan betrachtete.*

DER MARXISMUS: *Parallel zu den Neoklassikern entwickeln Karl Marx (siehe S. 161) und andere einen Gegenentwurf zum kapitalistischen Wirtschaftssystem, der darauf setzt, das Eigentum an Produktionsmitteln abzuschaffen.*

Die Theorien von Karl Marx liefern den Ausgangspunkt für die wichtigsten ideologischen und viele politische Auseinandersetzungen des 20. Jahrhunderts. Als Gegenmodell zur Marktwirtschaft sind sie gescheitert; als Analysen des Kapitalismus bleiben sie dagegen wertvoll. Das gilt insbesondere für den von Marx und Friedrich Engels schon im »Kommunistischen Manifest« von 1848 vorausgesagten Zwang zur Globalisierung.

Ende des Ersten Weltkriegs, in Berlin wird die Republik ausgerufen

Charles Lindbergh überquert in einem Flugzeug den Atlantik

Alexander Fleming entdeckt das Penicillin

1918   1920   1927   1928   1929

Gewaltsamer »Kapp-Putsch« rechter Kreise und Militärs scheitert

Weltwirtschaftskrise beginnt mit einem Börsenkrach in den USA

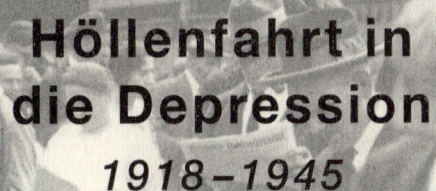

Höllenfahrt in
die Depression

1918–1945

Charlie Chaplin dreht den
Film »Moderne Zeiten«

Zweiter Weltkrieg beginnt mit
deutschem Überfall auf Polen

| 1933 | 1936 | 1939 | 1945 |

»Machtergreifung«: Adolf
Hitler wird Reichskanzler

Ende des Krieges erst in
Europa, dann im Pazifik

Erst brechen die Börsen zusammen, dann die Banken,
am Ende geraten zig Millionen Menschen in bittere Not:
Die Weltwirtschaftskrise, die 1929 beginnt, ist der tiefste
Bruch in der Entwicklung des Kapitalismus. Seither su-
chen Ökonomen und Politiker nach Wegen, das Auf und
Ab der Konjunkturen zu bändigen

Um 19.08 Uhr schweigt das verdammte Ding endlich. Den
ganzen Tag hat der Börsenticker an der New Yorker Wall Street
seinen schmalen Papierstreifen ausgespuckt, darauf Schre-
ckensmeldungen, die von stürzenden Aktienkursen, vernich-
teten Vermögen, zerstörten Träumen künden. Es hat im ganzen Land Tumulte vor den Büros der Börsenmakler gegeben,
Geschrei und Gerangel, in der Wall Street musste sogar die
Polizei für Ordnung sorgen. Nun ist endlich Ruhe. Erschöpft
sitzen die Spekulanten in den Börsensälen, 12 894 650 Aktien
sind an diesem Tag gehandelt worden: Verkäufe aus pani-
scher, hoffnungsloser Angst. Doch am Abend dieses Don-
nerstags, des 24. Oktober 1929, gibt es sogar wieder etwas
Zuversicht. Schließlich haben sich zuvor im Büro von J. P.
Morgan die mächtigen Bosse der großen Banken getroffen,
und danach ist Richard Whitney, Vizepräsident der Börse, von
Händler zu Händler gegangen und hat demonstrativ Aktien
geordert. Das Signal ist klar: Die Banken lassen die Börse
nicht hängen. Alles wird wieder gut.
Kurz darauf brechen alle Dämme. Der Montag ist schrecklich,
der Dienstag eine Katastrophe. Niemand schert sich mehr um
die Signale der großen Banken. Die Kurse stürzen rasanter als
zuvor, und es werden noch mehr Papiere auf den Markt ge-
worfen. Allein in der ersten halben Stunde dieses 29. Oktober

Erregte Menschenmenge vor der New Yorker Börse am 29. Oktober 1929. Drinnen sind die Aktienkurse im freien Fall

werden 1,5 Millionen Aktien zum Verkauf angeboten – doch es gibt kaum noch Käufer. Die Aktie der White Sewing Machine Company hatte vor dem Crash 48 Dollar gekostet, am Montagabend noch 11, nun bietet jemand (es heißt, ein Börsenjunge) einen Dollar pro Stück. Er bekommt das Paket, es gibt kein anderes Angebot. Verkauft wird ohne Limit.

Beim Industriellen Arthur A. Robertson klingelt das Telefon. Am Apparat ist der Präsident einer Zigarren-Gesellschaft, er fragt, ob Robertson ihm 200 Millionen Dollar leihen könne. »Ich lehnte ab«, erzählte der später, »denn ich musste meine eigenen Interessen wahrnehmen und die meiner engsten Freunde.« Die Zigarren-Aktie fällt von 115 Dollar auf 2, der Präsident stürzt sich aus dem Fenster seines Büros in der Wall Street.

Er ist nicht der Einzige. Die Anleger verlieren Unmengen von Geld, das sie nie besessen haben. Denn an der Börse spekulieren viele mit nur zehn Prozent Eigenkapital, die restlichen 90 Prozent sind geliehen – für Zinsen von bis zu 20 Prozent. Und viele haben dieses Geld in Investmenttrusts gesteckt, die wiederum zu 90 Prozent kreditfinanziert sind. So lassen sich mit einem Dollar eigenen Geldes 100 Dollar bewegen. Nun bricht das gigantische Spekulationsgebäude zusammen, und wer darunter begraben wird, hat kaum Hoffnung mehr, seine Schulden jemals begleichen zu können. Zwei Männer springen Hand in Hand aus einem Fenster des New Yorker Hotel Ritz – die Herren hatten ein Gemeinschaftskonto. Andere erschießen sich in ihrem Badezimmer, manche verschwinden in Irrenhäusern und Pflegeheimen.

Und das Desaster macht sich heimisch an den Aktienmärkten: Der Dow-Jones-Industrie-Index erreicht seinen Tiefpunkt erst am 8. Juli 1932. Da landet er bei 40,65 Punkten – gerade mal ein Zehntel des Wertes vom September 1929. Es wird 25 Jahre dauern, bis das alte Niveau wieder erreicht ist.

Der 24. Oktober 1929, der »Schwarze Donnerstag«, ist der Beginn der schwersten Krise, welche die globale Ökonomie je erlebt hat. Die »Große Depression« heißen jene Jahre bis heute im kollektiven Gedächtnis der Amerikaner, einfach nur »die Weltwirtschaftskrise« in Deutschland – als könne es keine andere mehr geben, die diesen Namen verdient hätte.

In den Städten Amerikas sieht man in diesen Jahren lange Schlangen vor Suppenküchen und Brotausgabestellen. Zahllose Mittelklassefamilien verlieren ihre Häuser und ihre Träume. »Wir dachten ja alle, die amerikanische Wirtschaft wäre der Felsen von Gibraltar«, erinnerte sich Yip Harburg, der selbst in der Depression seine Firma verliert, eine Menge Schulden macht und daraufhin als Songtexter am Broadway und in

Hollywood arbeitet (»Somewhere Over The Rainbow«). »Wir waren eine wohlhabende Nation, und nichts konnte uns mehr aufhalten. Ein Haus aus Stein war für die Ewigkeit. Man vermachte es den Kindern, und die verkleideten die Front mit Marmor. Plötzlich explodierte der große Traum. Die Erschütterung war unglaublich.«

Die Kleinen trifft es am härtesten. Der Schriftsteller John Beecher erlebt, wie Mütter erfolglos bei der Fürsorge um ein bisschen Milch betteln: »Ich weiß noch, dass ich selber sah, wie Mütter Pökelfleischsuppe in Milchflaschen füllten und einen Nuckel darüberstülpten und wie das Baby diese Suppe trank. Ein buchstäblich blaues Baby, das an Hunger starb. So etwas erlebte ich in einem Haus nach dem anderen.« Aber auch ganz Große fallen tief: William C. Durant, einst Gründer von General Motors und milliardenschwerer Auto-Tycoon, endet als Betreiber einer Bowlingbahn in Flint, Michigan.

Doch kein Land wird von der großen Krise so erschüttert wie Deutschland. Im Laufe des Jahres 1929 hat sich bereits ein Konjunktureinbruch abgezeichnet. Dann springt der amerikanische Börsencrash wie ein Funke binnen eines Tages über den Atlantik (weshalb hier der »Schwarze Freitag« berüchtigt ist). Weil mit der Börse auch das amerikanische Kreditsystem zusammenbricht, kündigen die US-Banken zudem blitzschnell ihre riesigen Auslandskredite, was der auf Pump finanzierten deutschen Wirtschaft einen schweren Schlag versetzt. Und dann folgt, so der Historiker Hans-Ulrich Wehler, die »Höllenfahrt in den Abgrund einer beispiellosen Depression«.

So beginnt die Weltwirtschaftskrise. Sie ist der tiefste Bruch in der Geschichte des modernen Industriekapitalismus – und sie verwirrt die Theoretiker dieser Zeit zutiefst. Die Klassiker der Nationalökonomie hatten im 18. und 19. Jahrhundert Modelle des durch den Markt geregelten Kapitalismus entworfen, in denen Harmonie herrschte, in denen die »unsichtbare Hand« des Marktes über kurz oder lang die Interessen aller Seiten ausgleiche, in denen es Überproduktion und Arbeitslosigkeit gar nicht geben könne: Denn jedes Angebot schaffe sich seine Nachfrage, und Angebot und Nachfrage würden immer ins Gleichgewicht kommen – jedenfalls langfristig. »Auf lange Sicht sind wir alle tot«, sagt dazu der britische Ökonom John Maynard Keynes (siehe S. 169), der seine Lektionen unter anderem während der Weltwirtschaftskrise lernt.

Von dieser angeblichen Harmonie des Marktes ist in der ersten Hälfte des 20. Jahrhunderts nichts zu spüren. Die Menschen erleben den Kapitalismus als ein wildes, unberechenbares Tier. Binnen weniger Jahrzehnte hat er aus dem Bauernland Deutschland eine führende Industrienation gemacht, kurze Jahre schnellen Wachstums können große Reichtümer für wenige schaffen und steigenden Wohlstand auch für die anderen. Dann aber kann eine brutale Krise alles zerstören. Der österreichische Volkswirt Joseph Schumpeter (siehe S. 167) erhebt das Ungleichgewicht, das dramatische Auf und Ab der Konjunktur, sogar zum Charakteristikum kapitalistischer Märkte – ein dauernder Prozess »schöpferischer Zerstörung«. Tatsächlich hat sich gezeigt, dass sich im Kapitalismus die Wirtschaft nicht gleichmäßig und stetig entwickelt, sondern sowohl in »langen Wellen« als auch kurzen »Konjunkturzyklen« zwischen Boom und Rezession auf- und abschwingt.

John Maynard Keynes kann zudem erklären, warum eben nicht jedes Angebot eine Nachfrage schaffe und es durchaus auch ein »Gleichgewicht bei Unterbeschäftigung« geben könne: nämlich dann, wenn die Unternehmen ihr Geld lieber zurückbehalten und nicht investieren, weil sie keine Aussicht haben, ihre Produkte auch abzusetzen. Keynes macht »Investitionsfallen« und »Liquiditätsfallen« aus, die in der Modellwelt der Klassiker nicht vorgesehen sind. Für die Renditeerwartungen der Unternehmen sei es entscheidend, dass genügend Geld die Wirtschaft befeuere, damit Nachfrage und auch Arbeitsplätze entstehen.

Diese volkswirtschaftlichen Zusammenhänge aber haben Keynes' Kollegen in den Jahren der großen Krise kaum im Blick. Die meisten Wirtschaftswissenschaftler interessieren sich vor allem für das Verhalten einzelner Unternehmen und Individuen – und wenden ihre Erkenntnisse kurzerhand auf das große Ganze an. Das kann nicht gut gehen. So mag es zum Beispiel für einzelne Produkte stimmen, dass bei einem sinkenden Preis entweder mehr verkauft oder weniger produziert wird: Der Bäcker wird, wenn er seine Brötchen auch billiger nicht absetzen kann, weniger backen – das Angebot sinkt. Der Arbeitsmarkt zum Beispiel funktioniert nicht so einfach, denn die Leute werden, wenn sie weniger verdienen, eher mehr arbeiten müssen – das Arbeitsangebot steigt. Doch wie die Ökonomen, versuchen auch die Wirtschaftspolitiker dieser Zeit, das Wissen über das Verhalten von Unternehmen auf die Gesamtwirtschaft zu übertragen. Das Ergebnis ist eine Politik, die der Krise nicht entgegenwirkt, sondern sie verstärkt, weil sie der Volkswirtschaft noch mehr Geld entzieht. Sie führt Deutschland geradewegs in die Katastrophe.

Die Reichsregierung betreibt während der Weltwirtschaftskrise eine brutale Deflationspolitik und macht mit dieser Strategie des knappen Geldes alles noch viel schlimmer. Mit einer Serie von Gesetzen und Notverordnungen streichen die Präsidialkabinette der Reichskanzler Heinrich Brüning (der bei öffentlichen Auftritten als »Hungerkanzler« niedergeschrien wird) und Franz von Papen die Staatsausgaben zusammen, kürzen gnadenlos die Sozialleistungen und drücken die Löhne. Die fatale Wirkung der Geldknappheit: Nachfrage und Umsätze brechen ein – zum Beispiel die der Schuhgeschäfte zwischen 1929 und 1932 um knapp 40 Prozent, der Möbelhändler um fast 50 Prozent, sogar des Lebensmittelhandels um 34 Prozent. Das Handwerk verliert bis zu zwei Drittel seiner Aufträge. Entsprechend weniger verkauft auch die Industrie, und die Folgen sind absehbar: Es wird kaum noch investiert, noch mehr Menschen verlieren ihre Arbeit, die Steuereinnahmen brechen weiter ein. Ein tödlicher Kreislauf. Seit dieser Zeit wissen die Ökonomen, dass man eine Volkswirtschaft auch kaputtsparen kann.

Die Krise trifft alle – Unternehmer, Banken, Bauern, Beamte, kleine Ladenbesitzer. Am härtesten aber trifft sie die einfachen

Arbeiter. In den Wintern 1931/32 und 1932/33 sind mehr als sechs Millionen Menschen arbeitslos, weitere 1,8 Millionen lassen sich gar nicht registrieren, weil sie weder Hoffnung auf einen Job noch Anspruch auf Hilfe haben. In einigen Branchen ist die Lage katastrophal: Im Februar 1932 sind mehr als 90 Prozent der Bauarbeiter arbeitslos oder von Kurzarbeit betroffen, in der Holzindustrie liegt diese Zahl bei knapp 64 Prozent, in der Metallindustrie bei 42 Prozent.

Auch heute sind in Deutschland zuweilen fünf Millionen Menschen arbeitslos, und besonders kritische Mahner fühlen sich dann berufen, die Schrecken der Weltwirtschaftskrise heraufzubeschwören. Wer so redet, weiß nicht, was damals geschah. Heute wachsen Wirtschaft und Volkseinkommen, wenn auch langsam. Zwischen 1929 und 1932 aber fiel das Sozialprodukt (von einem sehr viel niedrigeren Niveau) um mehr als ein Drittel. Die Industrieproduktion brach um mehr als 40 Prozent ein. 1932 war gerade noch ein Drittel der Arbeitnehmer vollbeschäftigt. Und selbst denen ging es meist dreckig: Die Wochenlöhne fielen in den Krisenjahren um ein rundes Drittel. Die durchschnittlichen Einkommen der Arbeiter und Angestellten lagen 1932 weit unter dem Existenzminimum.

Heinrich Peters verliert 1931 seinen Job. Eine Weile bekommt er Arbeitslosenunterstützung, danach Fürsorge, schließlich schlägt er sich als Nachtwächter durch. Als nur mehr depressiv erlebt er seine Heimatstadt: »Hier in Duisburg war alles still. Kaum ein Pütt lief noch, die Hütten schienen tot, die Menschen waren damit beschäftigt, irgendwie zu überleben. Selbst im Viehhof meinem Haus gegenüber lief nichts mehr, es brüllte kaum noch ein Tier, es ging alles zurück. Am alten Zechengelände gab es noch unbebaute Flächen, darauf legten sich die Arbeitslosen kleine Gärten an, damit sie überleben konnten.«

Arbeitslosigkeit bedeutet nackte Not: Die Unterstützung durch die Arbeitslosenversicherung wird zwischen 1927 und Ende 1932 fast halbiert und am Ende gerade noch sechs Wochen ausgezahlt, danach werden die Arbeitslosen in die »Krisenfürsorge« abgeschoben oder sind vollständig angewiesen auf Almosen ihrer rasant verarmenden Gemeinden. Im Herbst 1932 ist die unglaubliche Zahl von 23,3 Millionen Menschen (mehr als ein Drittel der Bevölkerung) von öffentlicher Hilfe abhängig, und die ist erbärmlich gering.

Millionen Menschen verelenden. Einige durchwühlen den Müll nach Essensresten, andere fressen buchstäblich Gras: »An den Wegrändern wurde Grünes gesammelt, das machten mein Mann und die Kinder. Das Gras wuchs ja umsonst«, erinnerte sich Martha Schmitz aus Castrop-Rauxel, deren Mann seinen Job als Bergmann in der Zeche Ickern verloren hatte. Brot und Kartoffeln sind für viele die einzige Nahrung – »vor allem Brot«, erzählt eine Hausfrau, die mit 8,20 Mark in der Woche eine siebenköpfige Familie ernähren muss, nur einmal die Woche kauft sie ein Stück Wurst. »Dafür hungern wir aber die beiden letzten Tage von der Woche.« Schulkinder gehen nicht mehr in den Unterricht, weil sie keine Schuhe besitzen. Die Selbstmordquote ist in Deutschland dreimal so hoch wie in Großbritannien.

Die Weltwirtschaftskrise gerät zum Trauma einer ganzen Generation. Ihre schlimmste Folge ist der Aufstieg Adolf Hitlers und seiner Nationalsozialisten. Die nutzen das ökonomische Desaster und die damit einhergehende Diskreditierung des gesamten Systems der Weimarer Republik für ihre perfide Propaganda. Als der »Rat der Volksbeauftragten« am 9. November 1918 die Republik ausrief, versprach er den Deutschen ein Leben »in Schönheit und Würde«. Der Zyniker Joseph Goebbels, NSDAP-Gauleiter in Berlin und später Hitlers

Arbeitslose Minenarbeiter im Elendsviertel des oberschlesischen Kohlereviers hausen 1932 in niedrigen Baracken, die halb in die Erde gebaut sind

Propagandaminister, veröffentlicht nun regelmäßig eine Auflistung, über der steht: »Das Glück dieses Lebens in Schönheit und Würde vermochten nicht länger zu ertragen: ...« Dann folgen die Namen der Selbstmörder.

Die Depression ist für die Menschen der – vorläufige – Tiefpunkt eines Katastrophenzeitalters. Wer um 1900 geboren ist, hat womöglich schon mehrfach alles verloren: Der Erste Weltkrieg hat der Bevölkerung auch wirtschaftlich vieles abverlangt, das Sozialprodukt des Deutschen Reiches sank während der Kriegsjahre um mehr als 40 Prozent. Und 1923, nur sechs Jahre vor Ausbruch der Depression, gerät das Land in den Strudel einer bizarren Hyperinflation. Das Geld verliert seinen Wert in einem Tempo, das heute, da schon eine jährliche Inflationsrate von drei Prozent für Verspanntheit sorgen würde, nicht mehr vorstellbar ist. Anfang 1922 zum Beispiel kostet eine Tageszeitung 40 Pfennig, ein Jahr später schon 30 Mark, am 1. Juli 700 Mark, am 1. September 150 000 Mark, am 1. Oktober 10 Millionen Mark und am 22. November 1923 schließlich 100 Milliarden Mark. Und so ist es mit allen Waren und Dienstleistungen.

Die praktischen Folgen dieser rasanten Geldentwertung sind absurd. Am Ende müssen mehrmals täglich Preise und Löhne neu berechnet werden. Einzelhändler bringen mit Waschkörben ihre Tageseinnahmen zur Bank – und müssen hinnehmen, dass sie am kommenden Tag kaum noch etwas wert sind.

Martha Blume arbeitet in einem Kurzwarengeschäft in Landsberg an der Warthe. Der Laden macht morgens später auf, denn die Angestellten müssen für jede Ware erst in langen Tabellen einen Grundpreis ermitteln und dann nach dem jeweiligen Dollarstand umrechnen. »Wir haben täglich unser Gehalt gekriegt, täglich einen Bruchteil vom Gehalt, und da sind wir gleich in den nächsten Laden gegangen und haben gekauft: Butter, Schmalz und Brot, damit wir bloß was hatten, denn eine Million bis Billion, das war ja nichts wert. Es war ja jeden Tag anders.« Viele erhalten gleich zweimal am Tag ihren Lohn – und jeweils eine halbe Stunde frei dazu, um das Geld ausgeben zu können. Im Herbst 1923 beschäftigt die Notenbank 132 private Firmen, bei denen 1723 Druckerpressen Tag und Nacht Geldscheine produzieren. Allein vom 1. Januar 1923 bis zum 15. November, als die Notenpresse endlich stillgelegt und eine Währungsreform begonnen wird, entstehen so zehn Milliarden Geldscheine im Nennwert von 3877 Trillionen Mark. Die Kosten dafür beziffert die Reichsbank mit 32 776 899 763 734 490 417 Mark und 5 Pfennigen. Die Bürokratie, immerhin, scheint noch zu funktionieren.

Der Konjunktur tut die Inflation durchaus gut: Wenn jedermann bemüht ist, sein Geld so schnell wie irgend möglich auszugeben, ist die Nachfrage zwangsläufig hoch. Fein heraus ist auch, wer sich zuvor hoch verschuldet hatte, denn die Schulden verlieren genauso schnell ihren Wert wie das Geld. Umgekehrt aber bedeutet die Hyperinflation eine Totalenteignung aller Gläubiger, und, schlimmer noch, sie vernichtet binnen weniger Monate die zäh zusammengetragenen Ersparnisse der kleinen Leute und damit jedes Gefühl von Sicherheit: Auch das ist eine traumatische Erfahrung dieser Zeit. Das Geld verliert komplett seine traditionellen Funktionen: als verlässliches Tauschmittel, als Maßstab des Preises und des eigenen Wohlstandes, als Aufbewahrungsmittel des Ersparten.

Eine Ursache der Inflation der frühen 20er-Jahre ist der verantwortungslose Umgang von Reichsregierung und Reichsbank mit der Notenpresse. Bereits während des Krieges versuchen diese, den wachsenden Kapitalbedarf zu decken, indem sie schlicht immer mehr Geld in die Volkswirtschaft pumpen. Die alte internationale Regel, wonach ein bestimmter Teil des umlaufenden Geldes durch den Goldbesitz der Notenbank gedeckt sein muss, wird ein Opfer des Krieges.

Die Angst vor einer neuen Inflation ist einer der Gründe, aus dem die Reichsregierung am Ende des Jahrzehnts ihre brachiale Deflationspolitik betreibt. Aber sie ist nicht der einzige Grund. Deutschland muss noch immer Reparationen für den Ersten Weltkrieg an die einstigen Gegner zahlen – nach dem 1929 verabschiedeten Young-Plan sind noch 112 Milliarden Mark offen, die letzte Rate ist für 1988 terminiert. Diese Reparationen sind eine Belastung für die labile deutsche Wirtschaft – und mindestens ebenso für den nationalen Stolz. Reichskanzler Brüning ist finster entschlossen, die Weltwirtschaftskrise zu nutzen, um dieses lästige Erbe des Krieges endlich abzuschütteln. Sein Kalkül ist einfach, aber brutal: Würde Deutschland tief genug in den Abgrund sinken, würden die Alliierten einsehen, dass von diesem armen Land kein Geld mehr zu erwarten sei. Sein Finanzstaatssekretär Hans Schäffer schreibt später, Brüning sei bereit gewesen, »die Nerven des deutschen Volkes erheblich in Anspruch zu nehmen«, um dieses Ziel zu erreichen. Dafür stellt Brüning das Land unter eine Art ökonomisches Kriegsrecht. Tatsächlich wird der Young-Plan im Juli 1932 aufgehoben – der Preis ist eine ungleich größere Katastrophe.

Doch nicht nur die deutsche Politik heizt die Depression an. Die meisten Industriestaaten suchen ihr Heil in einem verhängnisvollen Isolationismus. Sie werten ihre Währungen ab, um die eigenen Exporte zu verbilligen, vor allem aber versuchen sie sich hinter hohen Zollmauern zu verschanzen und so die eigene Wirtschaft zu schützen – und im Zweifel lieber die der Nachbarn zu schädigen.

Im Frühjahr 1930 drückt US-Präsident Herbert Hoover gegen den ausdrücklichen Rat von 1028 amerikanischen Experten den Hawley-Smoot Tariff Act durch den Kongress. Dieses Gesetz treibt die Einfuhrzölle auf sämtliche Industrieprodukte nach oben – und provoziert in der Folge viele andere Staaten, ähnliche »Schutzzölle« zu erheben. Ein verheerender Handelskrieg beginnt, und seine Schäden sind erheblich: Der Welthandel bricht binnen drei Jahren um mehr als zwei Drittel ein, wichtige Bande der mittlerweile eng verflochtenen Weltwirtschaft werden kurzerhand gekappt. Die Protektionisten dieser Zeit ignorieren eine einfache Erkenntnis: Handel beruht auf Tausch, und wer die eigenen Importe drastisch kürzt, darf nicht auf kräftige Exporte hoffen.

Die Weltwirtschaftskrise dokumentiert nicht nur die Unbeständigkeit der Marktwirtschaft, sondern auch gründlich das Ver-

DAS TREIBT DIE WELT VORAN

Bei Ford in Detroit setzen Arbeiter am Fließband Schwungrad-Magnetzünder für das T-Modell zusammen

Das Fließband: Henry Ford lässt 1913 erstmals das Modell T am Fließband montieren und kann dadurch den Preis des Autos von 600 auf 360 Dollar senken. Die neue Technik, die später in weiten Teilen der Industrie angewendet wird, zerlegt die Produktion konsequent in einzelne Arbeitsschritte und verbindet sie zugleich in einem kontinuierlichen Ablauf. Das ist ein wichtiger Schritt zur rationalen Massenfertigung, bedeutet für die Arbeiter aber zusätzliche Monotonie und Entfremdung.

sagen der Wirtschaftspolitik. Neue Rezepte müssen her – die alten funktionieren ganz offensichtlich nicht mehr. Löhne und Preise sind während der Krise ja nach unten ausgesprochen flexibel: Sie fallen in allen wichtigen kapitalistischen Staaten, und das oft drastisch. Nach den alten Theorien müsste das zu steigender Nachfrage sowohl nach Arbeitskräften wie nach Produkten führen. Doch das Gegenteil ist der Fall.

Hier setzt John Maynard Keynes mit seinem Argument an, maßgeblich für die Investitionsentscheidungen der Unternehmen sei die »effektive Nachfrage«, also kurz gesagt die Ausgaben der heimischen und ausländischen Käufer. Dieser Nachfrage haben die Wirtschaftspolitiker jener Zeit beherzt die Luft abgedrückt. Aber es kann auch keine Alternative sein, einfach mit Hilfe der Notenpresse mehr Geld in die Volkswirtschaft zu pumpen. Das sei, spottet Keynes, wie der Versuch, dicker zu werden, indem man sich einen längeren Gürtel kaufe. Er rät, die Rechte der Arbeitnehmer zu stärken und ihre Einkommen zu erhöhen. Da die ihr Geld fast vollständig ausgeben und wenig sparen können, komme das der Konjunktur unmittelbar zugute.

Keynes empfiehlt zudem dem Staat, sich mehr einzumischen. Der solle versuchen, den heftigen Konjunkturschwankungen entgegenzuwirken und mit seinen Instrumenten wie Steuer- und Ausgabenpolitik gegebenenfalls die Unternehmen zu Investitionen anzuregen. Notfalls müsse er auch Schulden aufnehmen, um die Wirtschaft in Gang zu halten. Da die kapitalistische Marktwirtschaft nicht in der Lage sei, sich selbst zu stabilisieren, müsse der Staat Verantwortung übernehmen. Keynes sagt: »Ökonomen machen es sich zu leicht, wenn sie uns in stürmischen Zeiten nicht mehr zu erzählen haben, als dass der Ozean wieder ruhig ist, wenn sich der Sturm gelegt hat.«

Der Brite handelt nicht aus antikapitalistischem Antrieb, im Gegenteil: Er will die Marktwirtschaft stabilisieren, die durch die Weltwirtschaftskrise ihre Legitimation zu verlieren droht. Dass ausgerechnet die sozialistische Sowjetunion als einziges großes Industrieland von der globalen Krise nicht betroffen ist, macht die Sache für die kapitalistischen Staaten nicht besser.

Sogar Hitlers Wirtschaftspolitik funktioniert in gewisser Weise nach einem ähnlichen Muster wie Keynes' Ideen, auch wenn die Nazis nicht bei ihm abkupfern. Die gigantische Aufrüstung des Reiches, der Bau der Autobahnen und andere Großprojekte schieben die Konjunktur wieder an, die Arbeitslosigkeit sinkt. Dahinter steht allerdings ein kriminelles Kalkül: Der spätere Krieg ist in der Logik des NS-Regimes schon deshalb notwendig, weil die Aufrüstung aus den erhofften Eroberungen bezahlt werden soll. Es kommt, wie man weiß, anders.

Keynes aber wird mit seinen Ideen zum einflussreichsten Ökonomen der folgenden Jahrzehnte. Bis in die 70er-Jahre ist es dominierende Lehrmeinung, dass der Staat die Konjunktur beeinflussen müsse. Und ausgerechnet die USA befolgen als erster Staat seine Rezepte. Der demokratische Präsident Franklin D. Roosevelt steckt in den 30er-Jahren Milliarden in die Politik des »New Deal«: Straßen, Staudämme und Flughäfen werden gebaut, Mindestlöhne eingeführt, die Gewerkschaften und der Sozialstaat gestärkt. Es braucht lange, bis die Folgen der Weltwirtschaftskrise behoben sind, aber das Land befreit sich allmählich aus der lähmenden Depression.

Der Ökonom John Kenneth Galbraith schreibt 60 Jahre später: »Es dürfte schwer fallen, eine Maßnahme zu nennen, die mehr dazu beigetragen hat, die Zukunft des Kapitalismus zu sichern.«

KAPITALISMUS KOMPAKT

Was geschieht?

Deutschland wird 1923 von einer Hyperinflation heimgesucht, die binnen weniger Monate die Geldvermögen vernichtet – Folge unter anderem des auf Pump finanzierten Ersten Weltkriegs und der instabilen politischen Lage in der Zeit danach. Nach einigen Jahren wirtschaftlicher Erholung brechen Ende Oktober 1929 die Kurse an den amerikanischen Aktienmärkten dramatisch ein. Sie hatten zuvor vor allem durch sehr riskante Spekulationsgeschäfte ein überhöhtes Niveau erreicht. Der Börsencrash in den USA springt rasch auf andere kapitalistische Länder über, auch das Bankwesen gerät in eine tiefe Krise. Ein sich ohnehin abzeichnender Konjunkturabschwung weitet sich zur **Depression** aus: Das Sozialprodukt fällt in den Industriestaaten zum Teil drastisch, viele Unternehmen gehen Pleite, auch Löhne und Preise brechen ein. Am härtesten betroffen sind die Vereinigten Staaten und Deutschland. Die **Arbeitslosigkeit** erreicht ein ungekanntes Niveau. Die **Weltwirtschaftskrise** erfasst alle Industrieländer bis auf die Sowjetunion. In Deutschland begünstigte die Krise das Anwachsen radikaler Massenbewegungen wie des Nationalsozialismus.

Was läuft schief?

Ziemlich alles. Statt die Krise koordiniert zu bekämpfen, flüchten sich die betroffenen Staaten in Isolationismus. Sie treten in einen Abwertungswettlauf: Eine niedrig bewertete Währung soll die Position der heimischen Industrie auf dem Weltmarkt verbessern, indem sie die Exporte verbilligt. Zudem beginnt ein verhängnisvoller Zollkrieg: Wechselseitig erheben die Staaten steigende Importzölle, um so die Einfuhren zu begrenzen. In der Folge bricht der Welthandel weitgehend zusammen. Überdies verhalten sich viele Regierungen prozyklisch, also den (abwärts gerichteten) Konjunkturzyklus verstärkend: Sie streichen drastisch Staatsausgaben und Sozialleistungen, drücken die Löhne und entziehen der Volkswirtschaft mit alldem noch mehr Geld.

WICHTIGE BEGRIFFE DER ÖKONOMEN

DEFLATION: *Fallen die Preise, freut sich der Mensch. Fallen sie aber zu schnell und auf breiter Front, werden Ökonomen sehr nervös, denn dies ist ein für die Volkswirtschaft bedrohlicher Zustand: die Deflation. Fallende Preise sind entweder Ausdruck eines Überangebots an Waren oder einer zu geringen Nachfrage durch die Käufer (und oft einer Kombination aus beidem). Die Folgen werden für die Unternehmen schnell dramatisch: Sie können ihre Produkte nicht mehr kostendeckend absetzen, zugleich steigt der reale Wert ihrer Schulden. Die Unternehmen investieren nicht in neue Anlagen, Pleiten häufen sich, die Arbeitslosigkeit steigt, und wer noch einen Job hat, muss sich meist mit geringerem Lohn abfinden. Ein schlimmer Kreislauf setzt ein, denn die Nachfrage sinkt so noch mehr. Selbst wer Geld ausgeben will, wartet womöglich, weil er auf weiter fallende Preise hofft.*

INFLATION: *Steigen die Preise, versuchen die Gewerkschaften, für die Arbeitnehmer im Gegenzug höhere Einkommen durchzusetzen, das heißt dann Inflationsausgleich. Gelingt ihnen das, steigen die Kosten der Unternehmen, was die Preise weiter antreiben kann – die Lohn-Preis-Spirale beginnt sich zu drehen. Die Experten streiten, warum die Preise überhaupt anziehen. Die gesamtwirtschaftliche Nachfrage ist höher als das Angebot, meinen zum Beispiel die Keynesianer.*

Die Geldmenge wächst schneller als das Produktionsvolumen der Volkswirtschaft, glauben andere. Oft ist Inflation auch importiert, etwa weil wichtige Rohstoffe wie Erdöl oder andere eingeführte Waren teurer werden. Eine leichte Inflation bekümmert die Ökonomen wenig, sie ist ihnen lieber als eine Deflation. Schwierig wird es, wenn die Inflation zu »galoppieren« beginnt: unter anderem weil dann Ersparnisse rasch ihren Wert verlieren und langfristige Kredite zu festen Zinsen kaum noch zu bekommen sind.

INVESTITIONSFALLE: Warum investiert ein Unternehmer, warum kauft er also zum Beispiel eine neue Maschine? Weil er erwartet, dass sich sein Geld rentiert. Glaubt er das nicht, behält er es zurück. Ein Bäcker wird, selbst wenn er alle seine Brötchen absetzt, nur dann einen weiteren Ofen anschaffen, wenn er davon ausgeht, dass seine Kundschaft noch mehr Brötchen kaufen will – und kann.

Das klingt trivial, ist es aber nicht, wenn man es auf die Volkswirtschaft überträgt. In der Modellwelt der klassischen Nationalökonomie fließt das Geld in einem ungestörten Kreislauf zwischen den Akteuren. Der Franzose Jean-Baptiste Say hatte behauptet, jedes Angebot schaffe auch kaufkräftige Nachfrage, die dem Wert des Produktes entspreche. »Produkte kauft man mit Produkten«, sagte er, das Geld »verschleiere« diesen Vorgang nur. Der Markt gerate über kurz oder lang immer ins Gleichgewicht, Überproduktion könne es deshalb auf Dauer nicht geben und Arbeitslosigkeit auch nicht. Die Realität sieht anders aus, und John Maynard Keynes (siehe S. 169) glaubte zu wissen, warum. Er argumentierte, es könne auch ein »Gleichgewicht bei Unterbeschäftigung« geben: Obwohl die Märkte geräumt sind, also alle Produkte verkauft sind, investieren die Unternehmen nicht mehr, Arbeitslosigkeit entsteht – das Land befindet sich in der Investitionsfalle. Warum? Weil die Firmen nicht erwarten, ihre Produkte absetzen zu können, da die gesamtwirtschaftliche Nachfrage zu gering ist. Wie der Bäcker, der nicht noch mehr Brötchen backen will.

LIQUIDITÄTSFALLE: Wer Bargeld hat, ist liquide, also »flüssig«. In einer Volkswirtschaft ist viel Geld im Umlauf, es ist der Schmierstoff des ökonomischen Kreislaufs. Manchmal ist diesem Kreislauf aber Geld entzogen, besonders in Zeiten der Deflation, und das nicht nur, weil sich die Käufer zurückhalten. Woran das liegen kann, haben Keynes und seine Schüler zu erklären versucht: Sind die Zinsen sehr niedrig, kaufen Anleger oder Unternehmen keine verzinslichen Wertpapiere, denn wenn die Zinsen wieder steigen, hätten sie einen Verlust gemacht. Deshalb behalten sie das Geld lieber bar in der Kasse: Es verschwindet in der Liquiditätsfalle, steht also der Volkswirtschaft nicht zur Verfügung.

GLOBALSTEUERUNG: Weil die Konjunkturausschläge negative Folgen haben, soll der Staat nach dem Konzept der Globalsteuerung Einfluss auf die gesamtwirtschaftliche Nachfrage nehmen und sich dabei »antizyklisch« verhalten: »Überhitzt« die Konjunktur, tritt er zum Beispiel durch höhere Steuern auf die Bremse, läuft die Wirtschaft schleppend, wird er sie etwa durch Steuersenkungen auf Trab bringen. Auch höhere Staatsausgaben können nach dieser Konzeption für mehr Wachstum sorgen. Den Begriff Globalsteuerung hat nicht Keynes geprägt, er stammt von seinen Schülern, die seine Lehre fortzuentwickeln versuchten.

DEFICIT SPENDING: *Um die Wirtschaft anzukurbeln, soll sich der Staat notfalls verschulden – entweder indem er seine Ausgaben erhöht oder Steuern senkt. In der Theorie der Keynesianer kann er die Schulden zurückzahlen, wenn die Konjunktur wieder anspringt und die Steuereinnahmen steigen. In der Praxis klappt das oft nicht: Die Wirtschaft kommt trotz des Anschubs nicht dauerhaft in Fahrt, der Staat bleibt auf den Schulden sitzen, und beim nächsten Konjunktureinbruch wird ein erneuter Versuch umso riskanter. Heute ist der deutsche Staat wegen seiner hohen Schulden kaum in der Lage, ein breit angelegtes Konjunkturprogramm zu bezahlen.*

Einführung der
Deutschen Mark
in den Westzonen

Gründung der
Montanunion leitet die
Integration Europas ein

Die Bundes-
republik wird Mit-
glied der Nato

1948   1950   1951   1955   1957

Der NWDR Hamburg
sendet die ersten TV-
Bilder nach dem Krieg

Das Kartellgesetz
soll den freien Wett-
bewerb schützen

Million

»Wohlstand für alle«
1945–1970

| DDR schottet sich durch den Bau der Berliner Mauer ab | Erste Krisenzeichen der westdeutschen Wirtschaft |

| 1958 | 1961 | 1966 | 1969 |

| Die D-Mark kann uneingeschränkt in Dollar getauscht werden | SPD-FDP-Koalition verdrängt CDU von der Macht in Bonn |

Die Regale sind voll, auf den Straßen flanieren gut gekleidete Leute – die soziale Marktwirtschaft bringt den Westdeutschen einen nie gekannten Lebensstandard und scheint dem Kapitalismus ein betörendes Antlitz zu geben. Doch Mitte der 60er-Jahre zeigen sich erste Vorboten künftiger Krisen

Die Szene spielt mitten in Deutschland, ist noch keine 40 Jahre her und doch aus einer anderen Welt. »Du kriegst keinen Urlaub«, sagt der Chef. Eckhard Preuß, Industrieanstreicher in Hattingen, antwortet: »Mir egal. Morgen bin ich in Italien.«
Er schmeißt den Job einfach hin. Packt mit seinem Kumpel Dieter den alten DAF bis unters Dach voll und fährt los. Nichts kann sie stoppen. Manchmal, nach langen Abfahrten

Eckhard Preuß und Dieter Straube machen Mitte der 60er-Jahre Urlaub am Luganer See

über die Alpenpässe, müssen die beiden Ruhrgebietsjungs warten, bis die Bremsen des Zweizylinders sich wieder abgekühlt haben. Die italienische Küche macht ihnen zu schaffen. Mit Knoblauch belastete Speisen sind für sie ungenießbar. Alles ist aufregend und fremd. »Es gab Aniskuchen statt Brot«, sagt Dieter Straube. »Den haben nicht mal die Enten gegessen.« Aber sonst? »Wir fühlten uns großartig.« Auf alten Fotos sieht man sie im Rollkragenpullover aus Kunstfaser vor schicken Yachten. Einmal hat eine dicke italienische Mama ihnen die Wäsche gebügelt. Einfach so. Zurück in Deutschland kramt Preuß sein Telefonbuch hervor, telefoniert ein paar Firmen an – und hat sofort wieder Arbeit. »Wir mussten keine Angst haben«, sagt der heute 68-Jährige. »Arbeit gab es immer.«

Westdeutschland Mitte der 60er-Jahre. In nur zwei Jahrzehnten ist aus einer Trümmerwüste ein Land voller VW-Käfer, Fernseher und Italien-Urlauber geworden. Vor deutschen Kinos reihen sich jeden Abend Dutzende Motorräder. Der Publizist Carl Otto Heuser schreibt 1968: »Die Besitzer, meist junge Männer mit ihren Freundinnen, schlendern zur Kasse, zählen lässig das Geld hin, werfen halb gerauchte Zigaretten auf die Straße.«

Die Alten schimpfen über die rebellische Jugend. Die Jungen über die Alten, die so hartnäckig die eigene NS-Vergangenheit beschweigen. Aber wirtschaftlich? Ein Paradies, ein Wunder, ein Glücksfall, ein Land der Seligen. Zumindest ist das die kollektive Erinnerung an »die langen fünfziger Jahre«, wie Wirtschaftshistoriker den Wiederaufbau in der Bundesrepublik von der Währungsreform 1948 bis zu den ersten Krisenzeichen in der zweiten Hälfte der 60er-Jahre nennen. Die »Soziale Marktwirtschaft«, der etwas schwammige Begriff für die neue Wirtschaftsordnung, wird so populär, dass Angela Merkel heute für eine »Neue Soziale Marktwirtschaft« wirbt – und Sozialdemokraten sich als Verteidiger der alten preisen. Deutschlands Variante des gebändigten Kapitalismus ist zwar nicht der alleinige Grund für den Aufschwung – aber, wie der Historiker Paul Nolte sagt, »das stabile Gerüst, an dem das Wirtschaftswunder der Bundesrepublik emporranken konnte«.

Der Startschuss fällt am Sonntag, dem 20. Juni 1948, dem Tag der Währungsreform. Der »entscheidenden Stunde«, wie der legendäre Wirtschaftsminister Ludwig Erhard sagt. Damals, so der wohlbeleibte Zigarrenraucher, sei das Steuer um 180 Grad herumgerissen worden – weg von Wirtschaftssteuerung und Preiskontrolle hin zu Marktwirtschaft und Leistungswettbewerb. Aus »Hoffnungslosigkeit und Verzweiflung in Armut und Hunger«, sagt Erhard später, sei »die Bereitschaft zu wirklich entscheidenden Umwälzungen im Denken und Handeln« entstanden.

Die Umwälzungen klingen heute unspektakulär, damals sind sie es keineswegs. Der Kapitalismus ist in den Nachkriegsjahren durch die Weltwirtschaftskrise samt Absturz in Massenelend, Arbeitslosigkeit und Hitler-Gläubigkeit gründlich diskreditiert. Bei den Kriegsverbrecherprozessen in Nürnberg werden die Führer der deutschen Wirtschaft als Handlanger der Nazis enttarnt. Selbst die CDU in der britischen Zone beschließt 1947 in ihrem »Ahlener Programm«: »Das kapitalistische Wirtschaftssystem ist den staatlichen und sozialen Lebensinteressen des deutschen Volkes nicht gerecht geworden.« Nun tritt der fränkische Wirtschaftsprofessor Erhard, ein Mann von erheblichem Selbstbewusstsein, an, den Deutschen eine neue Form der Marktwirtschaft schmackhaft zu machen. Dass er sie »sozial« nennt, dient nicht zuletzt der Propaganda. In seinem Weltbild ist der Markt selbst sozial. Denn wenn Wettbewerb herrsche, würden die von den Konsumenten gewünschten Waren von allein zu niedrigen Preisen angeboten. Wachstum und Wettbewerb seien daher die beste Sozialpolitik. Nur wer sich wirklich nicht selbst helfen könne, solle auf staatliche Unterstützung rechnen dürfen. Populär ist das nicht.

Auch das historisch verklärte Freudendatum der D-Mark-Ausgabe hat eine Kehrseite: Das alte Geld, die Reichsmark, wird praktisch wertlos. Gerade 6,5 Pfennig bleiben am Ende von einer Mark.

Für viele ist der Tag eine Katastrophe. »Ich wollte mich auf die Schienen legen, bis der Zug kommt«, erinnert sich der heute 79-jährige Siegfried Winkel. Er hat gerackert und geschuftet, sich mit 21 Jahren in der Ziegelei Steding in Sottrum bei Hildesheim so weit hochgearbeitet, dass der Chef auf altem Feldpostpapier einen Aushang machte: »Den Anordnungen Herrn Winkels ist Folge zu leisten.« Jeden Pfennig hat er gespart, um sich damit das Studium an der Ingenieurschule Lage zu finanzieren. Dann kommt die Währungsreform, die für ihn eine Enteignung ist.

Wie Winkel erfahren Millionen Deutsche in den Monaten danach, was die neue Wirtschaftsordnung zunächst bedeutet: Inflation vor allem. Im zweiten Halbjahr 1948 steigen die Lebenshaltungskosten um 14 Prozent. Es gibt zwar wieder etwas zu kaufen – aber nur für den, der Geld hat. Die Leute fahren nicht mehr aufs Land, um ein paar Kartoffeln hinterherzujagen. Jetzt geht die Jagd auf das Geld los. Für viele ist es ein unerbittlicher Kampf am Existenzminimum. Gegen solche Art von Marktradikalismus machen SPD und Gewerkschaften mobil – die am 12. November 1948 sogar zum Generalstreik aufrufen. Selbst CDU und CSU sind hin- und hergerissen.

Die Arbeitslosigkeit schnellt von wenigen hunderttausend im Jahr 1948 auf mehr als zwei Millionen im Februar 1950 empor. Es dauert Jahre, bis Kanzler Konrad Adenauer und Erhard Erfolge vorzeigen können. Die Deutschen und ihre Regierung profitieren dabei ausgerechnet von einem Krieg: dem Koreakrieg, der im Juni 1950 mit dem Angriff des kommunistischen Nordens auf den Süden des Landes begonnen hat. Die USA, Großbritannien und Frankreich glauben, fern in Asien die Freiheit des Westens gegen die rote Gefahr verteidigen zu müssen. Sie schicken Schiffe und Truppen. Vor allem aber rüsten sie auf, wodurch zivile Güter nicht mehr in ausreichenden Mengen hergestellt werden können. Die westdeutsche Industrie, der die Waffenproduktion verboten ist, nutzt die Chance und liefert, was den neuen Verbündeten an zivilen Gütern und Anlagen fehlt. Es ist die Wiedergeburt des Exports deutscher Investitionsgüter.

Plötzlich sind deutsche Waren gefragter denn je. Sie sind billig, weil die D-Mark zu einem günstigen Kurs in das 1944 in Bretton Woods geschaffene System fester Wechselkurse einsteigt. Und sie sind gut, weil in Deutschland Millionen bestens ausgebildeter und motivierter Arbeitnehmer pro Woche 48 Stunden und mehr schuften. Dazu kommt, dass in Deutschland zwar noch viele Wohnungen in Trümmern liegen, aber die Fabriken wieder laufen. Die Stunde null? Ein Mythos. Denn als die letzten Bomber ihre Fracht über dem untergehenden Hitler-Reich abwerfen, sind die meisten Produktionsanlagen noch brauchbar. Die industrielle Basis ist durch die Aufrüstung im Krieg sogar gewachsen. Unter den eingestürzten Dächern schlummert das Potenzial für den Wiederaufstieg. Die Ausgebombten und Kriegsheimkehrer erzählen ihren Kindern später, sie hätten mit nichts angefangen. Das ist nicht gelogen. Es ist ihre Wahrheit – tatsächlich haben sie in Notbehausungen gefroren und gehungert. Aber die Industrie ist nicht tot; nur verschüttet. Im beginnenden Ost-West-Konflikt brauchen die USA Verbündete, daher helfen sie beim Wiederaufbau und lassen eine rasche Integration der Wirtschaft des einstigen Feindes in die Weltwirtschaft zu.

Erhard und Adenauer profitieren von geradezu idealen Ausgangsbedingungen. Die nutzen sie. Adenauer schert sich dabei wenig um Theorien und Konzepte; dafür umso mehr um den Erfolg bei den nächsten Wahlen. 1949 nur mit knapper Not zum ersten Regierungschef der Bundesrepublik gewählt, wird er bis 1957 so populär, dass CDU und CSU die absolute Mehrheit gewinnen. Nicht zuletzt verdankt er den Erfolg einer Rentenreform, die den Alten endlich anständige Einkünfte sichert, aber heute vielen als Einstieg in einen Sozialstaat erscheint, der schließlich an seiner eigenen Größe zu ersticken droht. Erhard hingegen tobt wider das »Sicherheits- und Rentendenken«. Das deutsche Volk, so warnt er, könne am Ende »in fragwürdiger Harmonie wachsender Armut« untergehen.
Nicht der schlitzohrige Adenauer steht für das Konzept der »Sozialen Marktwirtschaft«, sondern Erhard. Als Kanzler wird er in den 60er-Jahren scheitern; aber wenn einer systematisch an einem Neuanfang der Wirtschaftsordnung arbeitet, dann der Mann mit der unvermeidlichen Zigarre im Mundwin-

kel. Und so will er den Wiederaufstieg der deutschen Wirtschaft als Menschenwerk verstanden wissen und nicht als
»Wunder«. »Das ist eine völlig falsche Wortprägung«, sagt
er schon 1954. »Wir haben eine konsequente Politik betrieben, die Erfolg hatte und die fortgesetzt werden muss.« Er ist
ein Marktwirtschaftler mit klaren Überzeugungen. Und einer
Theorie im Rücken, die bis heute vielen als Ideal gilt: dem Ordoliberalismus der »Freiburger Schule«.

An der dortigen Universität lehrt in den 30er-Jahren der Ökonom Walter Eucken (siehe S. 171). An der Hochschule ist er
ein Außenseiter, aber in seinem Haus in der Goethestraße
trifft sich ein Kreis von Wissenschaftlern zu erstaunlich offe-
nen Debatten über die Zukunft der deutschen Wirtschaft.
Eine Reihe von ihnen wird nach dem Attentat auf Hitler am
20. Juli 1944 von den Nazis inhaftiert, andere Freunde Eu-
ckens korrespondieren aus dem Exil mit den Freiburgern.

Die so genannten Ordoliberalen ziehen aus der tiefen Depression der Wirtschaft in den späten 20er- und frühen 30er-Jahren den Schluss, dass der Markt klare und verlässliche Regeln brauche, um zu funktionieren. Sie träumen von einem Staat, der stark und schwach zugleich ist: unerbittlich gegen Kartelle und Monopole, tolerant gegenüber den Folgen der freien Preisbildung. »Bei einem Konflikt zwischen Freiheit und Ordnung kommt dem Gesichtspunkt der Ordnung unbedingter Vorrang zu«, schreibt der Jurist Franz Böhm, der zweite wichtige Kopf der Freiburger Schule. Statt in der Wirtschaft mitzuspielen, solle der Staat nur Schiedsrichter sein, wie es Erhard nennt.

Erhard schmückt sich mit den Ideen der Freiburger und feiert sich selbst für seine konsequente Haltung. Dabei ist er permanent zu Kompromissen gezwungen. Von den hehren Idealen, wirtschaftliche Macht zu verhindern, bleibt 1957 nur ein Kartellgesetz, das zwar die schlimmsten Auswüchse verbietet, aber keinesfalls völligen Wettbewerb sichert. Zu stark sind die Interessen der Großindustrie, die Nationalsozialismus und Krieg überdauert hat, und nun um jeden Preis die Entflechtung ihrer Betriebe verhindern will. Gewaltig sind auch die Befürchtungen, im Vergleich zu den kommunistischen Gesellschaften Osteuropas an Attraktivität für die Menschen zu verlieren. 1950 schreibt Eucken an seinen alten Weggefährten Erwin von Beckerath, der Erhards wissenschaftlichen Beirat leitete, es sei höchste Zeit, dass sich die Expertenrunde »jetzt energisch von der heutigen Wirtschaftspolitik distanziert«.

Denn auch der westdeutsche Staat müht sich in Maßen darum, die Investitionen dahin zu lenken, wo sie ihm am sinnvollsten erscheinen. Hinzu kommt, dass vom Wettbewerb die

Wohnungswirtschaft, die Nahrungsmittelproduktion und ein paar andere Sektoren vorerst mehr oder weniger ausgenommen sind. Gegen seinen Willen muss Erhard einem Programm zur Arbeitsbeschaffung zustimmen und Interventionen der Alliierten ertragen – von denen viele, allen voran die USA und Großbritannien, auf staatliche Eingriffe in die Wirtschaft setzen. Später führt der europäische Einigungsprozess zu weiteren Eingriffen in den Wettbewerb; zunächst in der Montanindustrie, später in der Landwirtschaft.

Vor allem aber verzichten die Begründer der Sozialen Marktwirtschaft darauf, den Arbeitsmarkt dem Diktat von Angebot und Nachfrage zu unterwerfen. Hier herrschen weiter die Kartelle der Tarifparteien. Sie schaffen es, Arbeitskämpfe zu verhindern und den sozialen Frieden besser zu sichern als in anderen Ländern. Jahr für Jahr steigen die Löhne. Was unproblematisch ist, solange sie sich an der ebenfalls rasant ansteigenden Produktivität orientieren. Und die wächst wie nie zuvor: In der Chemiebranche erwirtschaftet 1970 ein Arbeiter mehr als dreimal so viel wie zwei Jahrzehnte zuvor, fast genau so schnell geht es in der Metallindustrie voran, im Bergbau legt die Produktivität um 220 Prozent zu.

Staat und Sozialversicherungen nutzen über viele Jahre die vollen Kassen, um neue Sozialleistungen wie die uneingeschränkte Lohnfortzahlung bei Krankheit für sechs Wochen zu finanzieren oder das Arbeitslosengeld zu erhöhen. Die sprudelnden Staatseinnahmen führen zu ständig neuen Forderungen. Der rasante Wiederaufbau weicht einer neuen Normalität – wobei Unternehmer und Arbeiter nicht nur wegen der neu eingeführten Mitbestimmung Konflikte scheuen. Das System ist auf Konsens angelegt, nicht auf Krawall. Die Gewerkschaften legen ihren klassenkämpferischen Gestus ab und setzen auf Kooperation. Die Betriebe sind eher patriarchalisch als betriebswirtschaftlich organisiert.

»Ich hatte einen Alkoholiker, der konnte nicht mehr am Ofen arbeiten«, sagt Winkel, der in den 60er-Jahren die Ziegelei in Sottrum leitet. Das sei einfach zu gefährlich geworden. »Er bekam dann eine andere Arbeit.« Zum gleichen Lohn? »Ja, natürlich.« Entlassen wird niemand. Noch etwas ist anders als heute: Die Kapitalisten sind zumeist näher an ihrem Kapital. Nie käme der Besitzer der Sottrumer Ziegelei auf die Idee, die Produktion ins Ausland zu verlagern. »Das war unvorstellbar«, sagt Winkel. Nicht, weil es tatsächlich unmöglich ist, sich anderswo anzusiedeln. Sondern weil es die Reputation des in der Region verwurzelten Fabrikbesitzers zerstören würde. Und die ist vielen wichtiger als das letzte Prozent Rendite. Winkel muss also zusehen, dass die Produktion in Deutschland funktioniert. Dazu braucht er vor allem Arbeitskräfte. Er selbst fährt ins Lager Friedland, wo die Aus- und Übersiedler aus dem Osten ankommen, um nach geeigneten Mitarbeitern Ausschau zu halten. Mehr als zehn Millionen Menschen aus Ostdeutschland und Osteuropa werden integriert; sie sind für die junge Bundesrepublik keine Last, sondern befeuern den Aufstieg. Als der Zustrom Anfang der 60er-Jahre versiegt, soll die Anwerbung von Menschen aus Südeuropa und der Türkei den Bedarf an Arbeitskräften stillen. Auch das reicht in den Boomjahren nicht. Als Ausweg bleibt nur eins: die weitere Steigerung von Kapitaleinsatz und Produktivität.

Alte Bergmänner wie der Essener Rolf Baransky haben noch mit dem Abbauhammer die Kohle aus dem Flöz gehauen. »Als der erste Hobel kam, habe ich geweint«, sagt der 77-

Jährige mit dem noch immer beeindruckenden Bizeps. »Das war sagenhaft.« Statt eines Mannes mit einem Hammer bearbeitet nun ein von vielen Pferdestärken angetriebener Hobel die Kohle. Die Fördermengen steigen gewaltig – und dennoch zeigen sich ausgerechnet im Bergbau erste Krisenanzeichen. Mitte der 60er-Jahre schließt die Zeche Victoria Mathias, auf der Baransky mehr als eineinhalb Jahrzehnte gearbeitet hat.

Neue Arbeit zu finden war zunächst kein Problem. 1965 legt die Wirtschaftsleistung noch um stolze 5,7 Prozent zu. Aber die Löhne steigen um mehr als 9. Und 1967 sinkt das Sozialprodukt sogar ganz leicht unter das Niveau des Vorjahres. Plötzlich gibt es eine halbe Million Arbeitslose in Westdeutschland, im Staatshaushalt fehlen ein paar Milliarden Mark. Aus heutiger Sicht paradiesische Zustände – aber damals das Signal zu einer Trendwende: weg von den ohnehin ausgehöhlten Ideen der Ordoliberalen hin zum Konzept der »Globalsteuerung«, das sich auf den Briten John Maynard Keynes (siehe S. 169) stützt und mit dem Stabilitäts- und Wachstumsgesetz von 1967 geltendes Recht in Deutschland wird. Künftig ist es der Staat, der eine zu geringe Nachfrage durch Investitionen ausgleichen soll, der nicht nur für Preisstabilität zuständig ist, sondern auch für »angemessenes Wirtschaftswachstum«, wie es im Gesetz heißt.

Keynes hatte das Verständnis der Wirtschaft in den 30er-Jahren revolutioniert. Bis dahin galt die Annahme der neoklassischen Denker des 19. Jahrhunderts, dass alle Märkte einem Gleichgewicht zustreben. Der Brite räumte damit auf – und die langen und schweren Krisen des Kapitalismus schienen ihm Recht zu geben. Für ihn war ein stabiler Zustand auch

DAS TREIBT DIE WELT VORAN

*Das Goggomobil Coupé mit 20 PS,
rund 100 Stundenkilometer schnell*

Das Auto wird zum Massenprodukt. 1949 gab es in
der Bundesrepublik nur 500 000 Personenwagen, 1960
waren es bereits 4,2 Millionen, 1970 dann 12,9 Millionen.
Das Auto ermöglicht Urlaubsreisen ebenso wie das
Pendeln über große Entfernungen zum Arbeitsplatz.
Wie kein anderes Produkt verändert es den Alltag und
prägt die nach dem Krieg wiederaufgebauten Städte.
Die Autoindustrie wird zur wichtigsten Branche der
westdeutschen Wirtschaft.

bei Arbeitslosigkeit denkbar. Eine Steigerung der Nachfrage, etwa durch staatliche Ausgaben, könne eine Kettenreaktion in Gang setzen, die wieder mehr Beschäftigung schaffe.

Amerikanische Ökonomen wie John Hicks und Paul Samuelson (siehe S. 175) versuchen nun, die Ideen von Keynes mit den Neoklassikern des 19. Jahrhunderts zu versöhnen. Oft genug werden Keynes Ideen dabei instrumentalisiert, verfälscht und abgewandelt. Aus seiner Theorie entsteht eine Art Werkzeugkasten für Eingriffe der Politik in die Ökonomie.

Großbritannien betreibt bereits ab 1944 eine »Vollbeschäftigungspolitik«, in den USA folgt 1946 gar ein Gesetz, in dem die US-Regierung angehalten wird, für »maximale Beschäftigung, Produktion und Kaufkraft« zu sorgen. In Deutschland, wo diese Theorie erst zwei Jahrzehnte später offiziell Einzug in die Politik hält, scheint sie zunächst perfekt zu funktionieren. Die Rezession von 1967 wird von der Großen Koalition mit Finanzminister Franz Joseph Strauß (CSU) und Wirtschaftsminister Karl Schiller (SPD) rasch überwunden. Selbst die liberale FDP rückt in ihren Freiburger Thesen von 1971 von der Überzeugung ab, dass der Markt allein die wirtschaftlichen Probleme lösen kann.

Erst die Krisen der 70er-Jahre – Inflation ohne Wachstum, Ölkrise, Arbeitslosigkeit – führen zum Umschwung. Und zum Aufstieg einer neuen Gruppe von Ökonomen, der Chicago Boys, die nicht nur eine ganze Reihe Nobelpreise für Wirtschaft abräumt, sondern auch die Politik von Margaret Thatcher in Großbritannien und Ronald Reagan in den USA bestimmt. Plötzlich gelten die Werkzeuge aus dem Baukasten der Keynes-Interpreten als veraltet. Auch die Soziale Marktwirtschaft, die lange so erfolgreiche deutsche Spezial-

Menschliche Arbeit ist billig wie Dreck

Der junge Kapitalismus braucht viele Menschen, die Maschinen bedienen und in Bergwerken arbeiten. Und Menschen gibt es mehr als genug: Im 19. Jahrhundert wächst die deutsche Bevölkerung so schnell wie nie zuvor.

Querschnitt durch eine englische Kohlemine: Nur in den hohen Stollen arbeiten Erwachsene. Wird es zu eng, müssen Kinder in den Berg.

Der ganze Kontinent verändert sich

Über Jahrhunderte haben sich Landschaften in Europa kaum gewandelt. Doch die Industrialisierung verändert vieles: Neue Verkehrswege durchschneiden das Land, der Bergbau prägt ganze Regionen, Industriereviere entstehen. Auf der Suche nach Arbeit drängen die Menschen in die rasch wachsenden Städte. Um 1800 lebten nicht einmal zehn Prozent der deutschen Bevölkerung in Gemeinden mit mehr als 5000 Einwohnern – heute sind es rund 84 Prozent.

Landflucht in die Not: Millionen strömen im 19. Jahrhundert in die Städte, um dort Arbeit in den neu entstehenden Fabriken zu finden.
Die Illustration von 1872 zeigt den Bau von Elendsquartieren am Rande Berlins.

Der Mensch unterwirft die Natur. Bauwerke wie die 34 Meter hohe Eisenbahnbrücke von 1842 im englischen Stockport überwinden Flüsse und Täler.

Eisen und Stahl treiben die Wirtschaft an

Die Schwerindustrie wird in der zweiten Hälfte des 19. Jahrhunderts zu einem wesentlichen Träger der Industrialisierung. Vor dem Ersten Weltkrieg produziert Deutschland mehr Eisen als England, die lange führende Wirtschaftsnation. Das Ruhrgebiet steigt zum Zentrum der deutschen Kohle- und Stahlproduktion auf.

Diese Szene im Walzwerk malte Adolph Menzel im Jahr 1875.

Mit der Kraft von tausend Schmieden: Der Schotte James Nasmyth entwickelte den Dampfhammer für die Metallverarbeitung.
Das Bild zeigt eine Anlage in Manchester.

Der Kapitalismus zeigt seine hässliche Seite

Die Weltwirtschaftskrise beginnt 1929 in den USA und greift über Nacht auf Europa über. Die Deutschen trifft sie besonders hart. Zeitweise lebt ein Drittel der Bevölkerung von der – völlig unzureichenden – staatlichen Unterstützung. Die tiefe Depression trägt zu Hitlers Aufstieg bei.

Schlange stehen für ein paar Mark: Arbeitslose vor dem Arbeitsamt in Hannover. Viel zu erwarten haben sie nicht: Jobs gibt es kaum, und die Hilfszahlungen wurden im Verlauf der Krise drastisch zusammengestrichen.

Symbol der Größe: Ein Bauarbeiter montiert einen Stahlträger auf der 102. Etage des Empire State Building in New York. Es ist das höchste Gebäude seiner Zeit und Ausdruck amerikanischer Stärke. Am 1. Mai 1931 wird es eingeweiht – mitten in der Krise.

Eine »Stunde Null« hat es nie gegeben

Für ihren wirtschaftlichen Aufstieg hat die Bundesrepublik beste Voraussetzungen: Auch wenn die Städte 1945 zerstört sind, viele Industrieanlagen wurden nur leicht beschädigt – und erlauben einen schnellen Start ins Wirtschaftswunder.

Große Eschenheimer Straße 1958 in Frankfurt am Main: Innerhalb weniger Jahrzehnte wandeln sich die Trümmerwüsten des Zweiten Weltkriegs zu sauber herausgeputzten Städten.

Darf's ein bisschen mehr sein? Bei einem Einzelhändler in Bonn stapeln sich 1956 die Waren in der Auslage. Die Westdeutschen haben die Not der Nachkriegsjahre überwunden, die Fresswelle rollt durch das Land.

Wohlstand für alle

Nach der Katastrophe des Zweiten Weltkriegs entsteht im Westen Deutschlands ein nicht für möglich gehaltener Wohlstand. Die Löhne steigen, der Sozialstaat wird ausgebaut – endlich scheint es zu gelingen, die Effizienz des Marktes mit sozialer Gerechtigkeit zu verbinden. Wie die Arbeitnehmer profitieren die Rentner vom Aufschwung. Arbeitskräfte werden nicht als Kostenfaktor gesehen, sondern sind knapp und begehrt. Die »soziale Marktwirtschaft« gilt als Erfolgsmodell.

Der Himmel über Ruhr und Rhein 1958: Eine rötliche Wolke steigt über einem Stahlwerk in Duisburg auf.

»Schiffe made in Germany«: Auf der Hamburger Werft Blohm & Voss läuft im September 1961 die »MS Mailand« vom Stapel. Industrieprodukte aus der Bundesrepublik erobern den Weltmarkt.

Kampf um den Weg in die Zukunft

Ein Teil der Jugend wirft dem Staat vor, die Interessen des Kapitals und nicht die der Menschen zu vertreten. Ritualisierte Schlachten und ideologische Debatten behindern lange das Streben um einen Ausgleich zwischen Ökonomie und Ökologie.

Mit Wasserwerfern und Tränengas stoppt die Polizei 1977 Demonstranten vor dem Gelände des Atomkraftwerks Brokdorf.

Die Wirtschaft verliert an Tempo

Mitte der 70er Jahre erlebt die Bundesrepublik die erste echte Wirtschaftskrise ihrer Geschichte. Die Massenarbeitslosigkeit kehrt zurück – und steigt über Jahrzehnte in Schüben
immer höher.

*Trotz allem ein reiches Land: Bei Ludwigsburg leuchten in der Nacht
Chemieanlagen, Autobahnen und Brücken. Die westdeutsche Wirtschaft profitiert von einer gut ausgebauten Infrastruktur und gewachse-
nen Industrielandschaften.*

Die Nähstube der Welt

Zu Beginn des 21. Jahrhunderts ist China mit großem Abstand der größte Exporteur von Bekleidung. Gegen die billig und effizient herstellenden Fabriken haben Europas Firmen kaum eine Chance. Nur bei technischen Textilien wie zum Beispiel für Airbags gibt es in Deutschland noch eine nennenswerte Produktion.

Spezialistinnen der billigen Arbeit: In einer modernen Textilfabik in Lianshui, Provinz Jiangsu, im Osten Chinas, sitzen in langen Reihen die Näherinnen an ihren Maschinen.

Der Riese ist erwacht: Chinas Geschäftsmetropole Shanghai erstrahlt in neuem Glanz. Experten erwarten, dass das Reich der Mitte zur größten Volkswirtschaft der Welt aufsteigt.

Heute lassen die deutschen Bekleidungsfirmen 97 Prozent ihrer Produkte im Ausland fertigen. Eine Million Jobs sind in der Branche seit 1970 still und leise verschwunden. Hans Luiken arbeitete in der Bekleidungsfirma Gerry Weber im Zuschnitt – bis seine Maschine abgeholt und er arbeitslos wurde.

Die Alte Weberei in Bielefeld ist ein Beispiel für die imposante Architektur des früheren Kapitalismus. Heute ist ein Supermarkt darin untergebracht. Einige ehemalige Arbeiterinnen der Textil- und Bekleidungsindustrie haben hier neue Jobs gefunden.

Der Schrankempfänger DE10, einer der ersten Fernseher in der Bundesrepublik, kostete 1951 stolze 2500 D-Mark, fast halb so viel wie ein VW-Käfer

variante des Kapitalismus, gerät aus der Mode. Ihr Weg zum verklärten Mythos beginnt.

Durch Winkels Wohnzimmerfenster kann man noch heute das Fabrikgelände sehen, auf dem er in den Vierzigern als Arbeiter angefangen hat. Längst werden dort keine Dachpfannen mehr gebrannt. »Alles vorbei«, sagt er. Der weißhaarige Mann und seine Frau Helma erinnern sich lebhaft an jeden Meilenstein des wirtschaftlichen Aufstiegs. An den ersten Fernseher, den ersten Österreich-Urlaub, das erste Auto. Gearbeitet hat er immer von morgens bis abends, die Kinder sah er fast nur am Wochenende. Die Kinder der Winkels verdienen heute mehr, als es der Vater je getan hat. Trotzdem glaubt Winkel, dass er es besser hatte als seine beiden beruflich erfolgreichen Söhne heute: »Ich hatte weniger Stress, weniger Druck und weniger unangenehme Entscheidungen zu treffen.«

KAPITALISMUS KOMPAKT

Was geschieht?

Am Ende des Zweiten Weltkriegs ist Deutschland nicht nur militärisch geschlagen: moralisch, politisch, wirtschaftlich – in jeder Hinsicht führten der Nationalsozialismus und der von ihm entfachte Angriffskrieg in die Katastrophe. Auf Jahre fehlt es den Deutschen an Nahrung, Heizmaterial, Wohnungen. Eine Stunde null hat es – wirtschaftlich gesehen – dennoch nicht gegeben. Denn im Krieg hatte die NS-Wirtschaft massiv in die Industrie investiert, die den Nachschub für das Militär lieferte. Die Anlagen waren zum größten Teil nicht zerstört. In den westlichen Besatzungszonen änderten auch **Demontagen und Reparationen** nichts an den günstigen Ausgangsbedingungen für einen Wiederaufbau. Es gab Millionen gut ausgebildeter Menschen, Produktionsanlagen, die relativ schnell wieder in Betrieb genommen werden konnten, und bereits wenige Jahre nach dem Krieg ein vitales Interesse der USA an der Genesung des einstigen Feindes. Die junge Bundesrepublik wurde gebraucht als Verbündeter im heraufziehenden **Kalten Krieg**. Auch deshalb bekam sie die Chance, sich schnell in ein zusammenwachsendes Westeuropa und die Weltwirtschaft zu integrieren.

Die **Währungsreform** am 20. Juni 1948 schuf die Voraussetzung für den Beginn der historisch einmaligen Wachstums-

*periode. In den Anfangsjahren der Bundesrepublik stieß die neu geschaffene Marktwirtschaft jedoch auf erheblichen Widerstand. Große Teile der Bevölkerung trauten dem kapitalistischen System nicht zu, die existenziellen Probleme zu lösen. Tatsächlich dauerte es bis zum Beginn des Koreakrieges Anfang der 50er-Jahre, bis die westdeutsche Wirtschaft wieder auf Touren kam. Die Wachstumsraten lagen nun weit über dem historischen Durchschnitt, innerhalb eines Jahrzehnts wurde Vollbeschäftigung erreicht. Die vollen Staatskassen ermöglichten großzügige Sozialgesetze wie die Rentenreform von 1957. In der Bundesrepublik entwickelte sich die **Soziale Marktwirtschaft** – eine spezifisch deutsche Spielart des Kapitalismus, die sich um einen Interessenausgleich und die Begrenzung wirtschaftlicher Macht bemüht. Erst die Krisen in der zweiten Hälfte der 60er-Jahre brachten einen Kurswechsel in der Wirtschaftspolitik, die sich nun an der international vorherrschenden Wirtschaftslehre orientierte: der Nachfragesteuerung durch den Staat, wie sie der Brite John Maynard Keynes und seine Interpreten entwickelt hatten. Der Großen Koalition gelang es mit den Instrumenten der Keynesianer, die **Arbeitslosigkeit**, die 1967 wieder deutlich gestiegen war, noch einmal zu besiegen. Doch gut zwei Jahrzehnte nach dem Ende des Krieges zeichnete sich ab, dass der Aufschwung nicht ewig dauern würde. Die »langen 50er-Jahre« hatten den Westdeutschen jedoch einen **Wohlstand** gebracht, der half, die Bundesrepublik politisch zu stabilisieren und die Demokratie fest zu verankern. Das anfangs so umstrittene Modell der Sozialen Marktwirtschaft trug wesentlich zum Aufstieg der Bonner Republik zu einem der bedeutendsten Industriestaaten der Welt bei. Der Ausbau des **Sozialstaats** – ein großer gesellschaftlicher Fortschritt – brachte aber nicht nur mehr Sicherheit, sondern* führte zu Kosten, die sich später nur schwer kontrollieren ließen. Die westdeutsche Wirtschaft stützte sich zudem länger und intensiver als vergleichbare Volkswirtschaften auf die klassischen Industrien; der Strukturwandel hin zur Dienstleistungs- und Wissensgesellschaft wurde dadurch verzögert.

WICHTIGE BEGRIFFE DER ÖKONOMEN

DER ORDOLIBERALISMUS hatte wesentlichen Einfluss auf die Ausgestaltung der Sozialen Marktwirtschaft in Westdeutschland. Nach den Vorstellungen der Ordoliberalen soll nicht allein die »unsichtbare Hand« des Marktes dafür sorgen, dass die Ergebnisse des Wirtschaftens vorteilhaft für die Allgemeinheit sind, sondern eine straffe Wettbewerbsordnung. Diese vom Staat geschaffene Ordnung zielt vor allem darauf ab, wirtschaftliche Macht – also etwa Monopole und Kartelle – zu verhindern oder zumindest zu kontrollieren. Staatliche Eingriffe in die Wirtschaft sollen die Kräfte des Marktes nicht lähmen, sondern sie erst zur Entfaltung bringen und ihre Ergebnisse im Sinne der Politik beeinflussen.

DAS MAGISCHE VIERECK bezeichnet die im »Gesetz zur Förderung der Stabilität und des Wachstums der Wirtschaft« von 1967 genannten Ziele: Es waren Preisstabilität, hohe Beschäftigung, ein außenwirtschaftliches Gleichgewicht und angemessenes, stetiges Wachstum. Sie sollten dadurch erreicht werden, dass insbesondere die gesamtwirtschaftliche Nachfrage durch den Staat beeinflusst wird. Damit ging die Bundesrepublik zur Globalsteuerung über, also der Orientierung an Konzepten der Anhänger von John Maynard Keynes (siehe S. 169), die seit den 40er-Jahren die Wirtschaftstheorie und -politik in Großbritannien und den USA dominierten.

DIE PHILLIPS-KURVE, *benannt nach dem Statistiker Alban William Housego Phillips, prägte die Wirtschaftspolitik und den Glauben an die Möglichkeiten des Staates zur Wirtschaftslenkung so stark wie kaum ein anderes Konzept. Phillips stellte mit seiner 1958 publizierten Kurve einen empirisch begründeten Zusammenhang zwischen Lohnentwicklung und Arbeitslosigkeit her. Daraus entwickelte sich eine Darstellung, die hohe Inflation mit niedriger Arbeitslosigkeit – und umgekehrt – verband. Insbesondere in den 60er-Jahren wurde dies von vielen keynesianisch orientierten Politikern in den USA und Europa als eine Art »Menükarte« interpretiert: Sie glaubten, zwischen den beiden Übeln wählen zu können – und durch das Zulassen einer etwas höheren Inflation die Arbeitslosigkeit bekämpfen zu können. Dabei störten sie sich nicht daran, dass dieser Mechanismus kaum mit der ursprünglichen Sicht von Keynes vereinbar ist.*

DAS BRETTON-WOODS-SYSTEM *fester Wechselkurse dominierte die internationalen Finanzbeziehungen in den Nachkriegsjahrzehnten. In dem Bergdorf Bretton Woods im US-Bundesstaat New Hampshire hatten sich Vertreter von mehr als 40 Staaten 1944 auf ein Währungssystem geeinigt, das dem Welthandel Stabilität bringen sollte. Die USA garantierten, Dollars jederzeit in Gold umzutauschen. Die anderen Währungen wurden an den Dollar gekoppelt. Der neu geschaffene Internationale Währungsfonds konnte den Mitgliedsländern Kredite gewähren, zudem war auch eine Anpassung der Wechselkurse möglich. Die 1948 geschaffene D-Mark wurde in das System mit eingebunden. Das Wechselkurssystem brach Anfang der 70er-Jahre auseinander.*

DIE NEOKLASSISCHE SYNTHESE verband die neue Theorie von John Maynard Keynes mit der bisherigen Sicht der Volkswirte. Das elegante Modell wurde zum Standardlehrstoff an den Hochschulen. Viele Anhänger von Keynes sehen in der Synthese der beiden Denkschulen jedoch vor allem den Versuch, die Ideen des Briten zu verfälschen und ihnen die Sprengkraft zu nehmen. Keynes hatte der bis dahin dominierenden Auffassung der Neoklassiker widersprochen, dass Märkte stets einem Gleichgewicht zustreben. In Keynes' Modell ist ein stabiler Zustand auch bei Arbeitslosigkeit möglich – wenn nämlich die Nachfrage schwach ist. Die neoklassische Synthese greift dies zwar auf, sieht auf Dauer aber den Arbeitsmarkt nur im Ungleichgewicht, wenn die Löhne starr sind und somit bei niedrigem Arbeitsangebot nicht hinreichend sinken können.

Die Ölpreise explodieren und heizen die Inflation weiter an

RAF-Terroristen ermorden Arbeitgeberpräsident Schleyer

Ronald Reagen wird zum Präsidenten der USA gewählt

1973   1974   1977   1979   1980

Die ÖTV setzt mit einem Streik elf Prozent mehr Lohn durch

Start des Europäischen Währungssystems

Die Grenzen
des Wachstums
1970–1990

Fast 2,5 Millionen Arbeitslose
in Westdeutschland

Reaktorkatastrophe
in Tschernobyl

| 1981 | 1985 | 1986 | 1989 |

Großdemonstration gegen
die Raketennachrüstung

Nach Demonstra-
tionen in der DDR fällt
die Berliner Mauer

Auf das Wirtschaftswunder der Nachkriegsjahrzehnte folgen Ölkrisen, Inflation und Arbeitslosigkeit. Das Modell Deutschland gerät unter Druck. Die internationale Konkurrenz nimmt zu, und im eigenen Land scheitern die alten Rezepte der Wirtschaftspolitik. Der Glaube an den starken Staat schwindet

Der 6. Oktober 1973 ist ein hektischer Tag für »Tagesschau«-Sprecher Wilhelm Stöck: Ägypten und Syrien haben Israel überfallen; im Sinai und auf den Golan-Höhen wird geschossen. Der Nachrichtenmann beginnt die Sendung um 20 Uhr mit den Eilmeldungen aus dem Nahen Osten – sie scheinen aus einer weit entfernten Welt zu kommen. Aber es dauert nur wenige Wochen, dann haben die Folgen jeden Deutschen erreicht: Die arabischen Staaten drehen den westlichen Freunden Israels den Ölhahn zu. Die Bundesregierung reagiert mit Tempolimits und Fahrverboten, abschließbare Tankdeckel werden zum beliebten Weihnachtsgeschenk. In Bracht am Niederrhein, wo Heinz Dierichs, ein lebensfroher Mann von Mitte 30, als Schichtleiter in einer Kunststofffabrik arbeitet, kommt der Chef in Dierichs Abteilung und sagt: »Dreht die Maschinen runter.« Er fürchtet, dass der Rohstoffnachschub stockt. Denn ohne Öl läuft nichts. Nirgendwo. Nach Jahrzehnten des Aufschwungs schlittert die Bundesrepublik in die Krise. Das Wirtschaftswunder ist vorbei.

In diesem Winter wandelt sich das Gesicht der Republik. Die Spritpreise explodieren, die ohnehin hohe Inflation galoppiert. Die mächtige ÖTV, ein Vorläufer von ver.di, ist düster entschlossen, die Beschäftigten im öffentlichen Dienst nicht unter der Teuerung leiden zu lassen. Zum Angebot der Arbeitgeber von 9,5 Prozent schreibt das »ötv-Magazin«: »Für diese Provokation war die Antwort klar: Kampfmaßnahmen einsetzen.«

ÖTV-Boss Heinz Kluncker, 1,88 Meter groß und weit über zwei Zentner schwer, zwingt den sozialdemokratischen Kanzler Willy Brandt in die Knie. An den Flughäfen stapelt sich das Gepäck, der Müll verdreckt die Straßen. Satte elf Prozent mehr Lohn erstreiken die Müllarbeiter, Kindergärtnerinnen und Krankenschwestern.

»Wir waren zufrieden«, sagt Rüdiger Kesting, der als Feuerwehrmann den saftigen Lohnzuschlag 1974 kassiert hat. Wie Dierichs gehört er zu einer bunt gemischten Freundestruppe junger Brachter, die sich schon aus den 50er-Jahren kennt und noch heute jeden Freitag zu einer kleinen Radtour aufbricht, die meist in einem Café endet – dort gibt es Kaffee und Kuchen und Geschichten aus dem Alltag in der Bundesrepublik. Ein Gärtner ist dabei, ein Schlosser, ein Finanzbuchhalter. Ganz normale Leute, ein Abbild der westdeutschen Gesellschaft in den Nachkriegsjahrzehnten.

Als die ÖTV 1974 zum Streik aufruft, schiebt Kesting immer 24 Stunden Dienst am Stück, dann hat er 24 Stunden frei. Die Bezahlung ist ordentlich, aber nicht besser als in anderen Jobs. Und so verteidigt Gewerkschaftsboss Kluncker den Tarifabschluss vehement: Der öffentliche Dienst habe »einen erheblichen Nachholbedarf« gehabt. Irgendwie hat er sogar Recht.

Denn »Wohlstand für alle« lautet das Versprechen der Wirtschaftswunderjahre, das nun eingefordert wird: Auch der Busfahrer soll genug verdienen, um im Sommer mit dem Auto ans Mittelmeer fahren zu können und sich dort von den ärmeren Südländern bedienen zu lassen. Aber die Rechnung geht nicht auf: Der Staat verschuldet sich, die Sozialausgaben wachsen, die Arbeitslosigkeit steigt. Der Bonner Professor Meinhard Miegel, ein unermüdlicher Mahner und Warner, fasst zusammen: »Nach dem Zweiten Weltkrieg verfünffachte sich innerhalb einer Generation die pro Kopf erwirtschaftete Menge an Gütern und Diensten – eine materielle Wohlstandsmehrung, die weit größer war als in den vorangegangenen 30 Generationen zusammengenommen. Allerdings war das auch die Schwäche dieser Entwicklung. Sie war nicht nachhaltig. Die Wirtschaft konnte unmöglich immer so weiter wachsen.«

Für Männer wie Dierichs und Kesting ist das schwer vorstellbar. Ihr Leben lang haben sie jedes Jahr besser verdient als im Jahr zuvor. Und – im Wortsinn – darauf gebaut, dass es immer so weitergeht. Ein paar Straßenecken von Dierichs entfernt hat sich Ernst Jansen Ende der 60er-Jahre ein Haus hingestellt. Der Facharbeiter im Maschinenbau steht oft zwölf Stunden am Horizontalfräswerk; jede Überstunde nimmt er mit. Am Wochenende zieht er gern zwei Schichten direkt nacheinander durch. Er will etwas schaffen. Das heißt vor allem: ein Haus bauen. »Als das neue Haus fertig war, hingen Gardinen an den Fenstern«, erinnert er sich. »Aber Möbel hatten wir keine – außer natürlich einem Schlafzimmer und einer Küche.« Mehrere Jahre dauert es, bis das Wohnzimmer eingerichtet ist. »Wenn Geld da war, wurde etwas gekauft.«

In ihrer Kindheit und Jugend haben die 30- oder 40-Jährigen Anfang der 70er-Jahre noch selbst Not und Armut erlebt. Sie sind aufgewachsen in Trümmern; für sie waren es Meilensteine im Leben, als sie Dinge genießen konnten, die heute selbstverständlich sind: Willi Heines etwa zog erst 1961, mit über 20 Jahren, in ein Haus, das eine Toilette mit Wasserspülung besaß. »Das war ein viel krasserer Unterschied zu vorher als später der Umzug ins selbst gebaute Haus«, sagt der drahtige Finanzbuchhalter. In der Schule war er, wie die Freunde sagen, der Beste seiner Klasse; studieren konnte er trotzdem nicht. Schon der Besuch des Gymnasiums hätte Schulgeld gekostet. Unmöglich für einen wie ihn, dessen Mutter nach dem frühen Tod des Vaters allein vier Kinder durchbringen musste. Wenn Heines von seinem Sohn erzählt, der Arzt geworden ist, merkt man ihm den Stolz an.

Vielleicht sind es solche Erfahrungen, die dazu beitragen, dass den Männern, obwohl sie Jahrzehnte des Wohlstands erlebt haben, der lockere Umgang mit Geld fremd bleibt. Sie nehmen Geld ernst, auch, als es mehr davon gibt. Heinz Dierichs, der Mann aus der Kunststofffabrik, sagt: »Ein nagelneues Auto würde ich mir nie kaufen. Das kann man ruhig Geiz nennen.«

Willy Brandt, der Friedensnobelpreisträger im Bundeskanzleramt, nimmt andere Dinge ernster als Geld und Wirtschaft. Einer seiner ehemaligen Berater erinnert sich: »Ökonomische Fragen waren im Kanzleramt immer zweitrangig.« Es geht um die Demokratie und den Frieden, um Reformen und Gerechtigkeit.

Der »Club of Rome« zeigt 1972 in einem viel beachteten Bericht »Die Grenzen des Wachstums« auf. In Vietnam führen die Amerikaner Krieg, und junge Deutsche dürfen nicht Briefträger werden, weil sie Kommunisten sind oder waren oder für solche gehalten werden. Das ist es, was die Jungen ebenso beschäftigt wie die Regierenden. Von der Lebenswirklichkeit eines Großteils der rund 60 Millionen Westdeutschen ist es dennoch weit entfernt.

Die Wirtschaft, so glauben viele in den Anfangsjahren der ab 1969 regierenden sozial-liberalen Koalition, muss nur richtig gesteuert werden, dann läuft sie von selbst. Die Ende der 60er-Jahre eingeführte Globalsteuerung bietet dazu die Instrumente. Aber auf einmal funktionieren sie nicht mehr. Das System der festen Wechselkurse bricht auseinander, und der Wert der D-Mark steigt im Verhältnis zu den anderen Währungen, was deutsche Produkte im Ausland verteuert.

Die Wirtschaftsleistung geht 1975 sogar leicht zurück, und erstmals seit den 50er-Jahren sind in der Bundesrepublik mehr als eine Million Menschen arbeitslos. Bei vielen schwindet das Vertrauen in die Wirtschaft.

»Dass so viele Frauen an der Mode sparen, ist erschreckend für die Bekleidungsindustrie«, klagt 1974 der Geschäftsführer der Offenbacher Forschungsgesellschaft Marplan, Kurt Galler. Die Konsumlust der Männer lässt nach dem Schock über die hohen Benzinpreise – rund 90 Pfennig pro Liter – ebenfalls nach. Bei Opel und Ford ordnet die Betriebsleitung Kurzarbeit an; BMW stellt für Wochen die Fließbänder ab. Die Deutschen sparen. 1974 sagen in einer Allensbach-Umfrage 43 Prozent, dass sie weniger ausgeben als zuvor.

Ein neues Wort beschreibt den ökonomischen Schrecken: Stagflation. Gemeint ist ein Zustand, den es nach der lange herrschenden Lehre der Anhänger und Interpreten des großen britischen Ökonomen John Maynard Keynes (siehe S. 169) gar nicht geben dürfte – nämlich eine stagnierende Wirtschaft, in der die Preise steigen und die Arbeit knapp ist. Die alten Pfade der Ökonomie scheinen ausgetreten und bieten keinen Ausweg.

DER MENSCH IN SEINER ZEIT:

Sekretärinnen um 1970: Immer mehr Menschen arbeiten am Schreibtisch. Immer weniger in der Fabrik

Die Lebenserwartung eines neugeborenen Jungen liegt 1980 bei etwa 70,5 Jahren, die eines Mädchen bei 77 Jahren

Das Monatseinkommen eines Angestellten beträgt 1980 im Schnitt 1415 Euro, das eines Arbeiters im produzierenden Gewerbe 1229 Euro. Der typische Arbeiter leistet 41,7 Wochenstunden

Soziale Sicherheit bietet ein gut ausgebauter Wohlfahrtsstaat. Die hohen Kosten führen zu vorsichtigen Bemühungen, Leistungen einzuschränken

Das Privatfernsehen schafft ab Mitte der 80er-Jahre zahlreiche neue Programme

Die Deutschen ärgern sich über steigende Preise und sinkende Lohnzuwächse. Dennoch bauen sich gleich mehrere der Brachter Freunde, meist mit viel Eigenarbeit, ein Haus. Feuerwehrmann Kesting macht aus dem Bauboom gar einen neuen Beruf: Sein erstes Eigenheim, bei dem er selbst noch kräftig zugepackt hat, verkauft er mit 100 000 Mark Gewinn. Dann baut er ein zweites, später ein drittes. Irgendwann hört er auf, Brände zu löschen und Katzen von Bäumen zu retten – er wird Bauträger. Die Zeit der Erfolgsgeschichten ist noch nicht vorbei, aber ganz langsam wächst der Druck in den Betrieben. Neue Maschinen ersetzen immer mehr Menschen; alte Gewerbe wie die Brachter Dachziegeleien geraten in die Krise. Ein paar Jahre später erwischt Maschinenbauer Ernst Jansen, inzwischen Refa-Fachmann, die erste Pleite – 1983 wird er arbeitslos. Nach ein paar Monaten hat er einen neuen Job, aber die Sorglosigkeit der Aufbaujahre ist dahin.

Langsam wird deutlich, dass die Deutschen nicht allein über ihr Schicksal bestimmen; dass jeden mehr als zuvor betrifft, was in Tausenden Kilometern Entfernung geschieht. 1986, bei der Reaktorkatastrophe in Tschernobyl, denkt Jansen noch: Das ist weit weg. Und: »Die sind auch ein wenig selbst schuld, wenn sie sich nicht um die Sicherheit kümmern wie in Deutschland.« 1993 verliert er auch den neuen Job, weil seine Firma wegen der internationalen Konkurrenz in Schwierigkeiten gerät. Im 6000-Einwohner-Dorf Bracht am Niederrhein kommen die ersten Schockwellen der Globalisierung an. Die Straßen rund um den Marktplatz sind hübsch gepflastert und herausgeputzt. Aber aufwärts geht es nicht mehr.

Manfred Lahnstein, der letzte Finanzminister der sozial-liberalen Regierung, erinnert sich, dass es den Begriff »Globalisierung« im heutigen Sinne während der Kanzlerschaft von

Helmut Schmidt noch nicht gab: »Aber die Dinge zeichneten sich ab, da musste man sich nur den Niedergang der deutschen optischen Industrie ansehen.« Sie wird hinweggefegt von der Konkurrenz aus Japan und anderswo.

Die Krise gibt schon ab der ersten Hälfte der 70er-Jahre einer ökonomischen Denkschule Auftrieb, die lange im Schatten derjenigen stand, die eine zentrale Steuerung der Nachfrage befürworteten. Bald werden die Anhänger der neuen Lehre überall »Monetaristen« genannt, nach einem Begriff, den der Schweizer Wirtschaftsprofessor Karl Brunner Ende der 60er-Jahre geprägt hat. Sie verändern nicht nur die Wissenschaft, sondern auch das Leben der Menschen in vielen Industriestaaten. Ihr Frontmann ist Milton Friedman (siehe S. 179), der 1970 die »Konterrevolution« ausruft. Friedman glaubt an einen einfachen Satz mit gehöriger Sprengkraft: »Inflation ist ein monetäres Phänomen.« Was der Sex für die Psychoanalyse, ist das Geld für die Monetaristen: Erklärung und Ursache für beinahe alles. Nicht gierige Gewerkschafter seien es, die durch hohe Lohnabschlüsse die Preise treiben, und auch nicht profitgeile Kapitalisten, sondern die Herren von der Bundesbank, der Bank of England oder der amerikanischen Notenbank Federal Reserve: Wenn sie zusätzliches Geld in den Kreislauf pumpen, dem kein ähnlich schnell wachsendes Warenangebot gegenübersteht, wird alles teurer. Die Politiker, so der Rat der Monetaristen, sollen sich aus der Wirtschaft raushalten. Und die Zentralbanken dürfen nicht versuchen, die Wirtschaft anzukurbeln, indem sie ihr mehr Geld zur Verfügung stellen. Statt der Förderung von Wachstum und Beschäftigung wird die Verteidigung der Preisstabilität überall in der industrialisierten Welt zum ersten Ziel der Notenbanker.

In den 70er-Jahren: Hamburger Großraumbüro mit Dutzenden von Angestellten

»Die letzte Euphorie der Moderne«, wie der Historiker Paul Nolte die Reformzeit der Brandt-Jahre nennt, ist vorbei. Mit Helmut Schmidt zieht 1974 der Pragmatismus ins Kanzleramt ein. Aber auch er verhindert nicht, dass die Sozialausgaben weiter ansteigen, dass die Arbeitslosigkeit sich in Wellen nach oben bewegt und die Schulden die Handlungsmöglichkeiten des Staates – jenseits jeder Theorie – immer weiter einengen.

Anders als heute steht die Bundesrepublik trotz aller Probleme noch besser da als die westlichen Nachbarn. Großbritannien, das Mutterland der Industrialisierung, wird zum »kranken Mann Europas«. »Wir sind alle bekloppt«, konstatiert das Boulevardblatt »Daily Mirror« angesichts der chaotischen Zustände im Land. Bergarbeiter und Lokführer legen das öffentliche Leben im Winter 1973/74 lahm. Der Kampf um mehr Lohn und bessere Arbeitsbedingungen nimmt absurde Formen an. So klettern die Lokführer jeden Morgen in ihre Führerhäuschen, stellen fest, dass die Bahnen noch immer keine Tachometer haben – was eigentlich vorgeschrieben ist – und melden die Züge als »nicht fahrbereit«. Dann trinken sie Tee und verhindern so, dass die Menschen zur Arbeit kommen. Der konservative Premier Edward Heath will die Frage klären, »wer das Land eigentlich regiert, die Regierung oder die Gewerkschaften«. Seine Nach-Nachfolgerin Margaret Thatcher wird ab 1979 den Konflikt fortführen und den Gewerkschaften das Kreuz brechen.

Munitioniert wird sie dabei von Milton Friedman und seinen Freunden. Sie liefern die Theorie zur wirtschaftspolitischen Wende, die erst England erreicht und dann – nach dem Amtsantritt von Präsident Ronald Reagan 1981 – auch die USA. In einer Diskussion um den rechten Weg der Konservativen zieht Margaret Thatcher ein Buch des Österreichers Friedrich August von Hayek aus ihrer Handtasche, donnert es auf den Tisch und sagt: »Das ist es, woran wir glauben.« Deutlicher hätte der Bruch mit den alten Überzeugungen der Nachkriegsjahrzehnte nicht sein können. Denn Hayek (siehe S. 177) hält schon das Wort »sozial« für unbrauchbar in der ökonomischen Debatte. In den USA und Großbritannien triumphieren die bedingungslosen Verfechter des freien Spiels der Marktkräfte. »Angebotsorientierte Politik« lautet das Zauberwort – nicht mehr die Nachfrage soll gesteuert und gestützt, sondern den Unternehmen das Leben erleichtert werden: durch niedrige Steuern, flexible Arbeitsmärkte und möglichst wenig staatliche Vorschriften. Die Folgen sind oft bitter für die sozial Schwachen; aber die Volkswirtschaften insgesamt scheinen zu profitieren.

In Deutschland finden zumindest abgemilderte Varianten der neuen Lehre Anhänger – selbst unter den Sozialdemokraten. Lahnstein reist 1981 mit Helmut Schmidt nach Washington. »Natürlich haben wir auf Margaret Thatcher gesehen und dann auf Ronald Reagan«, sagt der frühere SPD-Spitzenmann, der heute in einem Büro an der Hamburger Binnenalster seinen Beratungsgeschäften nachgeht. Auf dem Regal stehen Bilder von Schmidt, Brandt und Johannes Rau. In den Rauch einer dicken Zigarre sagt er: »Wir haben mit Reagan über seine Pläne für Steuererleichterungen diskutiert. Das hat zumindest mich überzeugt.«

Wenn Reagan in seinen Amtsjahren über Steuern spricht, stützt er sich auf den Volkswirt Arthur Laffer. Die nach ihm benannte Laffer-Kurve zeigt den Zusammenhang zwischen der Höhe der Steuern und den Einnahmen des Staates. Laffer ist überzeugt, dass niedrige Steuern die Wirtschaft so stark ankurbeln, dass dadurch am Ende mehr Geld in die Kassen des Staates gespült wird. Also: Runter mit den Sätzen – das führt nicht zum Ruin, sondern zu einer blühenden Wirtschaft und gesunden öffentlichen Haushalten. Darauf setzt Reagan. Bis heute ist umstritten, ob und unter welchen Bedingungen das Konzept funktioniert.

Als »Voodoo-Economics« wird der neue Kurs verspottet; tatsächlich verfolgt bald niemand mehr eine Politik, die sich sklavisch an die Rezepte von Laffer, Friedman und Co. hält. Aber der Einfluss Friedmans lässt sich, wie der heutige Federal-Reserve-Chef Ben Bernanke sagt, kaum überschätzen. Seine »Konterrevolution« gibt den Wirtschaftswissenschaften eine neue Richtung, die später von Ökonomen wie Robert Lucas (siehe S. 181) aufgegriffen und weiterentwickelt wird. Die Anhänger des Sozialstaats der Nachkriegsjahrzehnte geraten überall unter Druck. Auch in der Bundesrepublik Deutschland, wo Helmut Kohl 1982 mit einer neuen Regierung und einem großen Versprechen antritt: der geistig-moralischen Wende. Für die FDP ist es vor allem der Streit um die Wirtschaftspolitik, der sie von den Sozialdemokraten zur Union überlaufen lässt. Doch die Wende bleibt aus – oder verläuft zumindest sehr zaghaft. »An die heiligen Kühe gehen?«, fragt Lahnstein. »Da müssen Sie bei Kohl aber lange suchen.« Schon im Wendesommer 1982 schreibt Lahnstein ein Papier, in dem vieles steht, was sich zwei Jahrzehnte später in der Agenda 2010 der Regierung von Gerhard Schröder findet. FDP-Mann Otto Graf Lambsdorff macht ganz ähnliche Vorschläge. Bereits damals ist vielen klar, dass und wie der

Das treibt die Welt voran

Die »Apple Lisa«, Uroma des PC: 1983 stellt Apple das Model Lisa vor, den ersten Personalcomputer mit grafischer Benutzeroberfläche und Maus

Der Computer verändert die Arbeitswelt radikal. Durch die Verwendung des Mikroprozessors gelingt es ab Anfang der 80er-Jahre, kleine und leistungsfähige Rechner herzustellen, die die Schreibmaschinen aus den Büros verdrängen. In der Produktion steuert bald die Mikroelektronik die meisten Prozesse. Datenübertragung und -verarbeitung erleichtern es den Unternehmen, global zu agieren. Auch in der Freizeit spielt der »Heimcomputer« eine immer größere Rolle.

Sozialstaat reformiert werden muss, aber es fehlt die Kraft. Und andere Sorgen erscheinen wichtiger.

Neue Mittelstreckenraketen sollen aufgestellt werden, weil die Sowjetunion über ähnliche Waffen verfügt. Hunderttausende demonstrieren dagegen. Der Zustand des Waldes, die Umweltverschmutzung und die Gefahren der Atomkraftwerke dominieren die politische Debatte. Die Krisenzeichen in der Wirtschaft werden ignoriert.

Wer seinen Arbeitsplatz verliert, ist immer häufiger gezwungen, sich weit entfernt von der alten Heimat nach einem neuen umzusehen. Die Kinder der Nachkriegsgeneration verstreuen sich über das Land, während ihre Eltern oft ihr Leben lang in einem Ort bleiben. Dass drei Generationen Tür an Tür wohnen wie bei Willi Heines oder dem Schlosser Heinz Roesges, wird immer mehr zur Ausnahme. »Da wurde umgebaut und drangebaut«, sagt Roesges über die ständige Anpassung seines Hauses nach Geburten und Hochzeiten. Tagsüber geht er zur Arbeit in ein Panzerdepot der Amerikaner: Er sorgt dafür, dass alle mechanischen Teile beweglich bleiben und die Panzer jederzeit in den Krieg rollen können.

Noch trennt der Eiserne Vorhang den Kontinent, und Ost und West stehen sich bis an die Zähne bewaffnet gegenüber. Nur 65 Kilometer vom niederrheinischen Bracht entfernt wird der Schnelle Brüter von Kalkar gebaut. Dort prallen Atomkraftgegner und Polizei so heftig aufeinander wie an nur wenigen anderen Orten der Republik. Die Bilder sehen die Freunde abends im Fernsehen; freitags nach dem Skat reden sie nie darüber: Man kann ja doch nichts machen. In ihrem Alltag dominieren andere, meist wirtschaftliche Fragen: zum Beispiel, wie der Computer, der in diesen Jahren in Millionen Betriebe einzieht, ihr Leben verändern wird. »Das war so, als würde das Rad neu erfunden«, sagt Willi Heines, auf dessen Schreibtisch ab 1984 ein Monitor steht. »Das betraf einen, da kam man nicht dran vorbei. Und wenn man gesagt hätte, ich packe das nicht, dann hätte man wohl zu hören bekommen: Such dir was anderes.« Er packt es – aber viele, gerade Ältere, die im Schreibmaschinenzeitalter erfahrene Fachkräfte waren, verpassen den Anschluss.

In Dierichs Kunststofffirma geht die Rationalisierung ebenfalls zügig voran. »Die Technik hat die Leute rausgedrängt«, sagt er. »Damit fing es an.« Die Industrie, die lange von der Massenfertigung geprägt war, muss sich darauf einstellen, dass die Wünsche der Kunden immer vielfältiger und damit die Anforderungen an die Produzenten immer komplexer werden. Von den Bändern der Autofabriken rollen kaum noch zwei Modelle, die bis ins letzte Ausstattungsdetail identisch sind. In den Küchen fast aller Deutscher stehen Kühlschränke, in ihren Garagen Autos, in ihren Wohnzimmern Stereoanlagen. Wachstum kann da nur durch neue Produkte entstehen, die auf die immer differenzierteren Bedürfnisse eingehen. »Uns hat man alles angezogen, als wir Kinder waren«, sagt Dierichs. »Puma und Adidas gab es da nicht.« Jetzt gewinnen Markenartikel an Bedeutung. Nicht mehr »Made in Germany« ist das Siegel für Qualität, sondern der Name des Herstellers. Und die produzieren zunehmend da, wo die Kosten niedriger sind als in Deutschland.

Die Globalisierung nimmt Fahrt auf. Beschleunigt wird sie ab Ende der 80er-Jahre durch den Zusammenbruch des Ostblocks. Fast über Nacht wird aus dem geteilten Deutschland wieder ein Nationalstaat, aber er liegt in einer anderen Welt als die alte Bundesrepublik. Gleich hinter der Grenze im Osten warten viele Millionen billige Arbeitskräfte darauf, Anschluss zu finden an den Wohlstand, von dem sie über Generationen abgeschnitten waren. Und noch ein paar tausend Kilometer weiter östlich, in China, Malaysia oder Singapur, formieren sich neue Wirtschaftsmächte, deren Aufstieg dazu führen wird, dass die notorischen Gewinner des Kapitalismus in Westeuropa in die Defensive geraten.

KAPITALISMUS KOMPAKT

Was geschieht?

Nach dem stürmischen Wachstum der Nachkriegsjahrzehnte verschlechtern sich die wirtschaftlichen Bedingungen in den 70er-Jahren für die meisten Industriestaaten. Die sozial-liberale Bundesregierung versucht mit einer Vielzahl von **Konjunkturprogrammen** gegenzusteuern – doch gelingt es ihr nicht, so eine neue Wachstumsphase herbeizuführen. Stattdessen nimmt die **Staatsverschuldung** deutlich zu und erreicht 1980 eine Höhe von über 450 Milliarden D-Mark. Auch der Anteil der Sozialausgaben am Volkseinkommen steigt allein von 1970 bis 1980 von etwa 25 auf über 30 Prozent des Sozialprodukts. Und ab Mitte der 70er-Jahre liegt die Arbeitslosenzahl meist über einer Million. Die Globalsteuerung der Wirtschaft nach den Rezepten von Keynes und seinen Nachfolgern stößt damit an ihre Grenzen.

Trotz der Konjunkturschwäche und der Bemühungen der Bundesbank, die Geldmenge zu kontrollieren, bleibt zudem die **Inflation** hoch. Die Preise steigen um bis zu sieben Prozent im Jahr.

Der Zusammenbruch des Systems fester Wechselkurse Anfang der 70er-Jahre führt zu einer deutlichen Aufwertung der D-Mark, was die Importe verbilligt und damit den Effekt der steigenden **Ölpreise** mildert, aber zugleich die Ausfuhr deut-

scher Waren erschwert. Ab 1979 stabilisiert das Europäische Währungssystem die Umtauschverhältnisse mit den wichtigsten Handelspartnern.

*Die Bundesrepublik erzielt weiter große Exportüberschüsse mit höherwertigen Gütern wie Autos. Auch der deutsche Maschinenbau ist für den zunehmenden internationalen Wettbewerb gut gerüstet. In Spitzentechnologien, insbesondere der Informations- und Telekommunikationstechnik, kann die deutsche Wirtschaft dagegen keine führende Stellung erreichen. Das produzierende Gewerbe, das 1970 noch mehr als die Hälfte zur wirtschaftlichen Gesamtleistung beitrug, verliert an Bedeutung. 1990 steuert es nur noch gut 41 Prozent zum Sozialprodukt bei. Branchen wie die **Textil- und Stahlindustrie** oder die **Werften** geraten massiv unter Druck.*

*Die elektronische Datenverarbeitung revolutioniert zunächst die Produktion und Forschung, in den 80er-Jahren verändert sie auch die Arbeitsbedingungen in den Büros. Die neue Technik vernichtet Arbeitsplätze in der Industrie, schafft aber zugleich **neue Jobs** in der Informationsverarbeitung und ermöglicht die Entwicklung innovativer Produkte. Das schafft Chancen für hochqualifizierte Arbeitnehmer, während die Zahl der einfachen Industriearbeiter aus dem Zeitalter der Massenproduktion sinkt.*

*Nach der Regierungsübernahme der christlich-liberalen Koalition 1982 sinken die Haushaltsdefizite. Aber auch der neuen Regierung gelingt es nicht, die **Arbeitslosigkeit** unter Kontrolle zu bekommen. Mitte der 80er-Jahre sind fast 2,5 Millionen Menschen ohne Beschäftigung.*

In den USA und Großbritannien setzen konservative Regierungen auf niedrige Steuern und Sozialausgaben, den Abbau staatlicher Regulierungen und die Beschneidung der Macht der Gewerkschaften, um die Wirtschaft anzukurbeln. In Großbritannien gelingt es so, den Abstieg der einst führenden Industriemacht der Welt zu stoppen. Von der Bonner Regierung werden einige Ansätze dieser Politik übernommen, vor drastischen Reformen schreckt Bundeskanzler Helmut Kohl (CDU) aber zurück.

WICHTIGE BEGRIFFE DER ÖKONOMEN

DER MONETARISMUS: *Die Wirtschaftstheorie bricht die Vorherrschaft der Keynesianer in der akademischen Debatte und der Wirtschaftspolitik. Ihr wichtigster Vertreter, Milton Friedman (siehe S. 179), geht davon aus, dass die Wirtschaft stabil und im Gleichgewicht sei, wenn der Staat nicht eingreife. Die Monetaristen wenden sich gegen alle Versuche, die Nachfrage in Zeiten der Rezession anzukurbeln und dann im Boom wieder zu dämpfen. Sie argumentieren, dass eine Ausweitung der Geldmenge lediglich zu steigenden Preisen führe – aber nicht, oder zumindest nicht dauerhaft, zu mehr Beschäftigung. Den Zentralbanken raten sie, klare Ziele für eine stetige und verlässliche Entwicklung der Geldmenge zu verkünden und dafür zu sorgen, dass diese eingehalten werden. Die Bundesbank gibt erstmals 1974 ein Geldmengenziel bekannt. In den 80er-Jahren orientierten sich die USA, Großbritannien und viele weitere Länder an dieser Theorie. Wobei die Geldmengensteuerung aber meist weit weniger dogmatisch betrieben wurde, als von ihren Erfindern empfohlen. Die Europäische Zentralbank (EZB) trifft heute ihre Entscheidungen aufgrund einer Vielzahl von wirtschaftlichen Daten und schaut keineswegs nur auf die Geldmenge. Die »monetäre Analyse« dient der EZB »hauptsächlich als Mittel der Überprüfung« ihrer Politik.*

DIE STAGFLATION: *Ein Phänomen, das Mitte der 70er-Jahre die Wirtschaftspolitik zu einer Neuorientierung zwingt: Obwohl das Wachstum schwach ist, steigen die Preise – es gibt Stagnation bei Inflation. Was soll die Politik tun? Um die Inflation zu bekämpfen, müsste sie die Nachfrage dämpfen. Die Folge wären noch weniger Wachstum und steigende Arbeitslosigkeit. Der Konflikt zeigt, dass das Instrumentarium der Keynesianer nicht in jeder Situation geeignet ist, die Wirtschaft zu steuern.*

DIE LAFFER-KURVE: *Sie entstand 1974 angeblich auf einer Serviette einer Bar in Washington. Das Konzept ist so einfach, dass es sich vorzüglich für ein Kneipengespräch eignet – und Jahre später den US-Präsidenten Ronald Reagan, der kein Freund schwieriger Theorien war, zu einer gigantischen Steuerreform inspiriert: Die nach dem Ökonomen Arthur B. Laffer benannte Kurve besagt, dass die Staatseinnahmen letztlich steigen können, wenn die Steuersätze fallen. Laffer, und mit ihm später Reagan, geht davon aus, dass hohe Steuern den Arbeitseifer und die Investitionslust lähmen. Wenn die Sätze sinken, werde mehr gearbeitet, investiert und produziert. So entstehen höhere Einkommen, die selbst bei niedrigen Sätzen zu mehr Steuereinnahmen führen. Reagan häuft in den ersten Amtsjahren jedoch gigantische Schulden auf. Was Laffer mit einem eher technischen Problem erklärt: Die Steuersenkungen seien lange vor ihrem Inkrafttreten angekündigt worden. »Wie viel würden Sie in einem Supermarkt ausgeben, der gerade einen Ausverkauf für den nächsten Monat angekündigt hat?«, fragt er besorgt den Präsidenten. Und ist stolz darauf, dass bis zum Ende von Reagans Regierung das Staatsdefizit deutlich schrumpft.*

ANGEBOTSORIENTIERTE WIRTSCHAFTSPOLITIK:
So lautet in vielen Staaten die Antwort auf die Misserfolge der Nachfragesteuerung. Sie geht davon aus, dass der Staat vor allem die Bedingungen für die Unternehmen verbessern muss: also etwa Steuern senken und Vorschriften abschaffen. Wenn die Unternehmen dank solcher Erleichterungen ihre Wettbewerbsfähigkeit verbessern und mehr verdienen, würden sie für Wachstum sorgen und auch neue Mitarbeiter einstellen. Was ist nun richtig? Offensichtlich beides. Entscheidend ist, ob die Wirtschaft schwächelt, weil die Unternehmen durch Steuern, Abgaben und Regulierungen stranguliert werden oder ob schlicht die Nachfrage fehlt. Der große Ökonom Paul A. Samuelson (siehe S. 175) rief daher dazu auf, alles im Blick zu behalten: »Gott hat den Volkswirten zwei Augen gegeben. Eines für das Angebot, eines für die Nachfrage.«

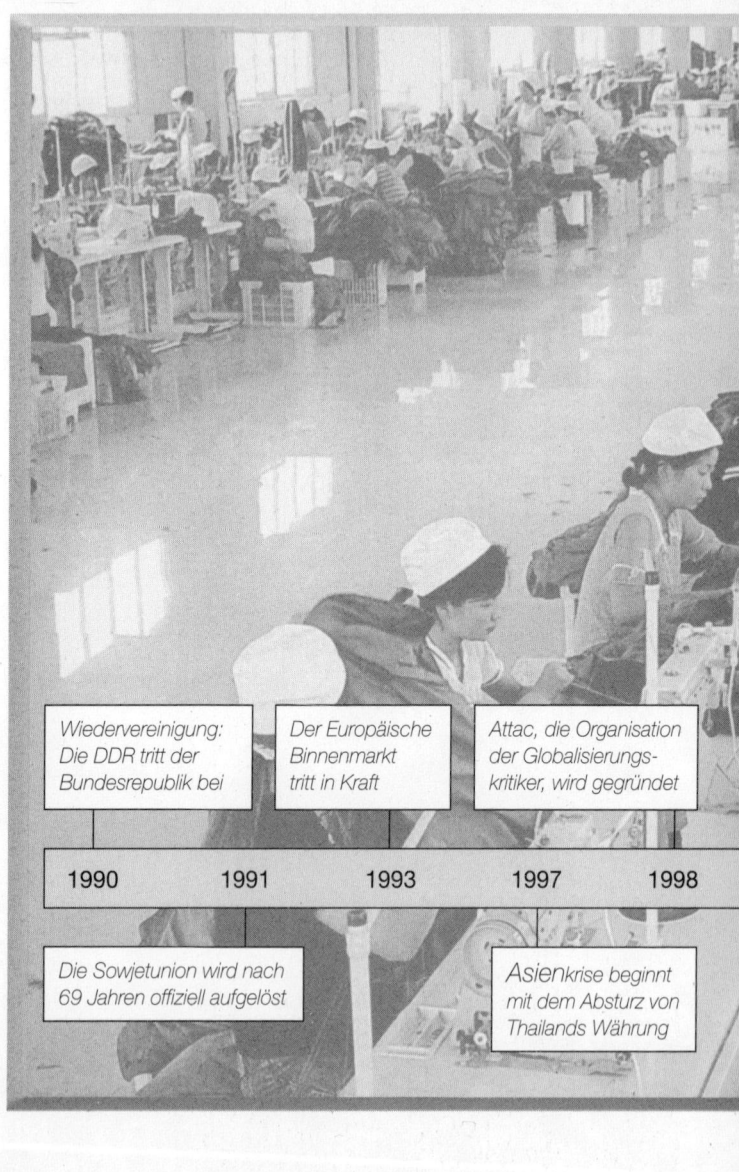

Wiedervereinigung: Die DDR tritt der Bundesrepublik bei

Der Europäische Binnenmarkt tritt in Kraft

Attac, die Organisation der Globalisierungs-kritiker, wird gegründet

1990   1991   1993   1997   1998

Die Sowjetunion wird nach 69 Jahren offiziell aufgelöst

Asienkrise beginnt mit dem Absturz von Thailands Währung

Der Sieg des Geldes
1990–2006

Einführung des Euro-Bargeldes
in zwölf EU-Staaten

»Operation Iraqi Freedom«:
Beginn des Irakkrieges

2001   2002   2003   2004

Anschlag auf das World
Trade Center in New York

Die Europäische
Union wird um zehn
Staaten erweitert

Nach dem Niedergang des Kommunismus scheint der Triumph des Kapitalismus total. Dank der Globalisierung wachsen Weltwirtschaft und Welthandel rasant. Doch in den alten Industrieländern schafft der Wandel auch viele Verlierer. Eine neue Debatte um Gerechtigkeit ist entbrannt

Plötzlich stehen in den Kellergängen der Firma Helmold Pakete herum. Sie gehören da nicht hin, es ist, als solle sie niemand sehen. Doch Edith Echterdiek entdeckt sie. Sie schaut sich die Kartons genauer an und findet heraus, woher sie kommen: aus Korea. Da weiß sie, dass es nun auch in ihrer Firma beginnt. »Klammheimlich haben die damit angefangen. Sie haben uns nicht mal gesagt, dass sie nun im Ausland produzieren.« Es ist Ende der 1970er-Jahre, noch brummt die Textil- und Bekleidungsindustrie hier in Bielefeld und in ganz Ostwestfalen. Bei Helmold arbeiten 180 Menschen. Aber Edith Echterdiek und ihre Kolleginnen hören immer öfter von Produktionsverlagerungen, von Entlassungen. Etwas ändert sich.

Kurz nachdem die Pakete aufgetaucht sind, werden die ersten Kolleginnen bei Helmold entlassen. Dann geht es Schritt für Schritt. Ein neuer Besitzer kündigt an, die »Lohnveredelung« auszubauen. »Das klang ja irgendwie edel«, sagt Edith Echterdiek – aber es hieß: Produktion im Ausland. 1984 sind noch elf Leute bei Helmold, elf von 180. Sie wechselt zum Bekleidungshersteller Windsor, und da beginnt das Gleiche von vorn.

Ähnlich ergeht es auch anderen Firmen in und um Bielefeld. Immer neue Wellen schwappen über die Stadt, und jede reißt mehr Arbeitsplätze davon. Erst lassen die deutschen Unternehmen in Norditalien produzieren, in Spanien und Portugal. Als es dort zu teuer wird, packen sie die Nähmaschinen wieder ein und ziehen weiter nach Nordafrika, nach Tunesien oder Marokko, dann nach Hongkong und Korea. Die Gewerkschafter daheim beginnen bittere Witze zu reißen: Wenn man den Pinguinen das Nähen beibringen könnte, würden die Bosse auch in der Antarktis produzieren lassen. In den Achtzigern dann führen die kommunistischen Staaten Osteuropas den Werktätigen in Ostwestfalen die Schlagkraft echter Billiglöhne vor: Noch mehr Jobs verschwinden.

1989 bricht der Kommunismus zusammen, aber das macht es für die Bielefelder nicht besser. Erst wandern ihre Jobs nach Ostdeutschland ab, aber auch da bleiben sie nur zwei, drei Jahre. Wo früher der Ostblock begann, ist nun eine ziemlich offene Grenze. Dahinter entstehen junge Marktwirtschaften, in denen die Löhne nur einen Bruchteil dessen betragen, was in Bielefeld gezahlt wird, und auch das ist wenig genug. In Bielefeld wird das Arbeitstempo weiter erhöht, doch es hilft nichts. In den Neunzigern sind Polen, Tschechien und Rumänien das Ziel der Nähmaschinen-Nomaden. Und ganz weit im Osten beginnt der Aufstieg des Bauernlandes China zum größten Bekleidungshersteller der Welt.

»Wenn du am Dienstag siehst, wie hinten an der Rampe Stoffballen auf einen Lastwagen gepackt werden, und am Donnerstag müssen alle mit anfassen, weil ein anderer Lkw mit fertigen Sachen entladen werden soll, dann weißt du: Deinen Job macht jetzt ein anderer«, sagt Karin Kleinepähler. Sie arbeitet seit 1983 bei Windsor. Damals, sagt sie, nähten 300 Frauen 600 Sakkos und 900 Hosen am Tag, heute stellen 20 Näherinnen nur noch Muster her, nach deren Vorbild Billiglöhner anderswo produzieren.

Hans Luiken arbeitete bei Gerry Weber im Zuschnitt. »Irgendwann kam einer aus Polen und maß meine Maschine aus. Kurz darauf war sie weg.« Mittlerweile, erzählt er, hat die Firma modernes Gerät in Rumänien, das Oberstofflager steht in Ungarn, genäht wird unter anderem in der Ukraine. Luiken ist seit Mai 2005 arbeitslos und 53 Jahre alt. Er hofft, dass seine Kinder Arbeit finden werden. Für sich hofft er das nicht mehr.

»Unsere Maschinen haben die gar nicht mehr abgeholt. Die Polen haben längst bessere«, sagt Anneliese Gaspar. Sie ist 45 Jahre alt, 29 davon hat sie bei Hermann Lange gearbeitet, niemand konnte schneller Ärmel einnähen als sie. Es hat ihr nichts genützt, Anfang dieses Jahres verlor sie ihren Job. Das Arbeitsamt kann ihr nicht helfen.

29 Jahre lang hat Anneliese Gaspar Kleidung genäht – dann wurde ihr gekündigt

Um 1970 arbeiteten in Bielefeld 12 000 Menschen in der Textil- und Bekleidungsindustrie, in ganz Ostwestfalen-Lippe 50 000. Heute sind es in der Stadt noch 1200, in der Region rund 6500, und das sind zumeist Kaufleute, Designer, Marketingexperten. Produziert wird kaum noch. 1970 arbeiteten in dieser Branche in der alten Bundesrepublik 900 000 Menschen, rechnet man die DDR hinzu, waren es wohl mindestens 1,2 Millionen – gute 50 Prozent mehr, als heute die gesamte Automobilindustrie beschäftigt, das Herz der deutschen Wirtschaft. Nun sind es noch 140 000, und die stellen fast nichts mehr her: Rund 97 Prozent der von deutschen Unternehmen verkauften Bekleidung wird im Ausland produziert. Mehr als eine Million Jobs sind verschwunden, und weil es nicht kampfstarke Stahlarbeiter und kohlenstaubgeschwärzte Bergleute traf, sondern zumeist schlecht bezahlte Frauen, nahm kaum jemand Notiz davon.

Früher gab es vier Nähmaschinenhersteller in Bielefeld, heute ist es noch einer. Und der gehört Chinesen. Irgendwann werden auch die Fachschulen verschwinden und die Kompetenz, und dann werden nur noch die Alten wissen, wie man industriell Bekleidung herstellt.

Etwas geht zu Ende. Der Siegeszug des Kapitalismus begann vor rund 200 Jahren damit, dass so genannte Verleger Lohnweber für sich arbeiten ließen; mechanische Spinnmaschinen und Webstühle standen am Anfang der Industrialisierung; die Weber gehörten zu den ersten Proletariern der neuen Zeit. Nun verschwindet die Bekleidungsindustrie aus Deutschland. Andere Branchen werden folgen.

Das soll so sein, jedenfalls in der Theorie. Die Klassiker der Nationalökonomie wie Adam Smith (siehe S. 154) und David Ricardo (siehe S. 157) hatten schon um 1800 ein System des

DAS TREIBT DIE WELT VORAN

Die tolle Kiste. Standard-Container Teu
(Twenty-feet-Equivalent-Unit): Größe 20 x 8 x 8,5 Fuß.
Leergewicht: 4,1 Tonnen, maximale Zuladung: 21,5 Tonnen

Der Container: Das Internet revolutioniert den Daten-
austausch – aber der rasant wachsende Welthandel wäre
ohne die schlichte Stahlkiste nicht denkbar. Rund
400 Millionen der gut sechs Meter langen Standard-
Container wurden 2005 weltweit umgeschlagen. Riesige
Spezialschiffe transportieren sie, oft GPS-gesteuert werden
sie auf Züge und Lkws umgeladen. Im Hamburger Hafen
wurden 2005 rund 97 Prozent des Stückgutaufkommens
über Container abgewickelt.

internationalen Handels entworfen, in dem jeder das produzieren soll, was er am besten und günstigsten kann, und die anderen sollen es bei ihm kaufen, und alle würden von diesem Austausch profitieren. Heute profitieren ganze Städte in China von der Tatsache, dass Milliarden Menschen gekleidet sein wollen, und die sparsamen Deutschen profitieren von den Billigklamotten aus Fernost.

Jahrzehntelang war die internationale Arbeitsteilung für den reichen Westen eine angenehme Sache. Denn es war ja klar, wer was besser und billiger kann: Die machen Bananen, Bohnenkaffee und Billigramsch, wir Autos, Maschinen und Arzneimittel. Damit ließ sich gut leben. Allenfalls Dritte-Welt-Gruppen merkten an, das Ganze sei nicht sehr gerecht. Die Theorie des »komparativen Vorteils«, mit der der freie Handel seit 200 Jahren begründet wird, ist ökonomisch plausibel, aber sie war immer auch eine Siegerideologie. Sie stärkte die Starken und hielt die Schwachen schwach, jedenfalls für lange Zeit. Nun sind die Schwachen stärker geworden, und die Sieger sitzen zuweilen woanders. Jahrzehntelang hatte der Westen auch gepredigt und vorgelebt, dass der Kapitalismus die bessere, schnellere, effizientere Wirtschaftsform sei. Die neuen Marktwirtschaften Osteuropas und die aufstrebenden Staaten Asiens zeigen nun, dass sie die Lektionen gelernt haben – und wie schnell und effizient der Kapitalismus tatsächlich sein kann.

Heute, gut 200 Jahre nach den Anfängen, scheint der Sieg des Kapitalismus total. Fast alle Länder unterliegen seinen Gesetzen, selbst jene, die sich wie China noch immer kommunistisch nennen. Es gibt kaum noch Nischen, in denen man sich vor ihm verstecken kann, weder im Schatten des Eisernen Vorhangs noch als Müllmann im öffentlichen Dienst (dem die private Konkurrenz im Nacken sitzt). Computer und das Internet erlauben rund um die Uhr und ohne Zeitverlust stetig wachsende Daten- und Geldströme. Entfernungen spielen dank gigantischer Containerschiffe keine Rolle mehr, durch die schiere Menge werden Transportkosten immer geringer. Es ist heute oft billiger, Waren per Schiff von Neuseeland nach Hamburg zu schaffen als per Lastwagen von Hamburg nach München.

Jeder wird zu jedermanns Kunde und zu jedermanns Konkurrent. So entsteht mehr und mehr der totale Markt mit totaler Preiskonkurrenz, eigentlich das Idealbild der Volkswirte.

Und das System funktioniert, vielleicht sogar besser denn je. Das Volumen des Welthandels hat sich binnen 20 Jahren verdreifacht, die Wirtschaftskraft der Welt in einem Vierteljahrhundert fast verdoppelt, zuletzt lagen die jährlichen Wachstumsraten bei fünf Prozent. Die Wohlstandsgewinne sind enorm. Sie haben vor allem in den Boomregionen der Riesenreiche China und Indien einen zuvor undenkbaren Wandel ausgelöst und zahllosen Menschen ein besseres Leben ermöglicht. Verlierer gab es in solchen Wachstumsprozessen immer, nur verteilen sie sich heute anders. Es gibt sie auch bei den Aufsteigern in Asien: Hunderte von Millionen Menschen sind vom Boom entweder ausgeschlossen, oder sie sind die neuen Ausgebeuteten. Aber Verlierer gibt es immer öfter auch in den alten Industrienationen. Und immer schwerer wird es, für die eine Lösung zu finden.

Braucht eine hoch entwickelte Volkswirtschaft wie Deutschland eine Industrie, in der Menschen im Akkord Ärmel einnähen, Manschetten ansäumen? Nein, wohl nicht. Die Frage ist bloß, ob Menschen wie Hans Luiken und Anneliese Gaspar sie brauchen.

Als die Näherin Magdalena Wolkenstein 1974 zusammen mit 120 anderen ihren Job bei Rawe Brackwede nahe Bielefeld verlor, hängten sie zwar schwarze Fahnen aus den Fenstern, aber eigentlich war es nicht so schlimm. »Wir haben Zeit herausgeschlagen und dann alle in anderen Firmen unterbekommen. Damals wurden Näherinnen noch gesucht«, sagt Magdalena Wolkenstein. Später, in den Achtzigern, suchte niemand mehr Näherinnen, aber viele kamen unter in den wachsenden Dienstleistungsbranchen. In Bielefeld steht ein imposanter Bau aus den Anfängen des Kapitalismus, die Alte Weberei. Heute residiert darin ein Real-Supermarkt, und hier arbeiten einige, die früher Damenoberbekleidung oder Herrensakkos nähten. Im Gebäude von Edith Echterdieks einstiger Firma ist nun ein Fitnessstudio untergebracht. Es gibt viele Fitnessstudios im Raum Bielefeld.

»Heute funktioniert das nicht mehr. Viele Langzeitarbeitslose kommen aus den Textil- und Bekleidungsfirmen, es gibt nichts mehr für sie zu tun«, sagt Bernd Link. Er ist seit 1971 Gewerkschaftssekretär und war lange in Bielefeld Geschäftsführer der Gewerkschaft Textil-Bekleidung (GTB), bis die 1998 von der großen IG Metall geschluckt wurde. Er sagt auch: »Eigentlich war alles umsonst. Jahrzehntelang haben wir für humanere Arbeitsbedingungen gekämpft, für etwas weniger Stress und dafür, dass die Frauen nicht so krumm vor den Nähmaschinen hocken mussten. Nun sind die Jobs weg, und die sie heute haben, arbeiten unter mieseren Bedingungen als früher unsere Leute.«

Gab es eine Alternative? Im Oktober 1971 forderte der 11. Ordentliche Gewerkschaftstag der GTB, die Einfuhren der Textil- und Bekleidungsindustrie dürften »25 Prozent des

Umsatzes nicht übersteigen«. Vergebens, heute geht die Importquote zumindest bei Kleidung gegen 100 Prozent. »Die anderen Gewerkschaften haben uns damals nicht besonders unterstützt«, sagt Bernd Link, »deren Problem war das ja nicht.« Das ist auch gut so. Die Autoindustrie exportiert mehr als 70 Prozent ihrer Fahrzeuge. Kein Land auf der Welt verkauft mehr Waren ins Ausland als Deutschland, 2005 für 786 Milliarden Euro. Nicht nur Großunternehmen wie Siemens oder BMW nutzen die Chancen des globalen Marktes, sondern auch Hunderte hoch spezialisierter Mittelständler. Da sollte man die Finger von Importquoten lassen.

Ökonomen wie der liberale Princeton-Professor Paul Krugman bestreiten vehement, dass die Globalisierung den Menschen im Westen zwangsläufig etwas wegnehme. Denn Handel sei kein Nullsummenspiel, in dem der eine verliere, was der andere gewinne, im Gegenteil. Der gebürtige Inder Jagdish Bhagwati (siehe S. 183) – ein führender Außenhandelstheoretiker, der in New York lehrt und unter anderem die Vereinten Nationen berät – erinnert an die segensreichen Wirkungen der Globalisierung für die Armen in der Welt. Er sagt, sie habe »ein menschliches Antlitz«.

Es wachsen aber auch Zweifel, und das nicht nur bei linken Globalisierungsgegnern. Vor anderthalb Jahren sorgte Paul A. Samuelson (siehe S. 175) für einigen Wirbel. Ausgerechnet der 90-jährige Nobelpreisträger, einer der Großen der Volkswirtschaftslehre, stellte das alte Theorem David Ricardos infrage, wonach der Handel immer und für alle Beteiligten von Nutzen sei. Samuelson argumentierte, es gebe nicht nur »Win-win-Situationen«: Wenn etwa China Produkte und Verfahren von etablierten Industrienationen kopiere und die sich nicht im selben Tempo etwas Neues einfielen ließen, könne der Handel für die Etablierten durchaus schädlich sein. In Bielefeld sieht man das genauso.

Bislang schien die Antwort auf die Globalisierung klar: Wenn die Aufsteiger in Asien und sonstwo mittlerweile nicht nur Textilien, sondern auch Containerschiffe, Computer, Fernseher, Kühlschränke und Kinderspielzeug günstiger anbieten, muss der Westen eben auf immer ausgefuchstere Hochtechnologie setzen. Allein dieser Vorsprung rechtfertigt die höheren Löhne, den besseren Lebensstandard, die soziale Sicherheit. Doch tatsächlich droht den reichen Industrienationen im Wettlauf um die neuesten Ideen die Puste auszugehen.

Am 31. Dezember 2002 wurde in Schanghai eine 30 Kilometer kurze Trasse eröffnet, auf der seither die deutsche Magnetschwebebahn Transrapid fährt. Das sollte endlich der kommerzielle Durchbruch des High-Tech-Schlittens sein, den in Europa niemand haben wollte. Doch im Frühjahr 2006 verkündeten die Chinesen frohgemut, sie würden nun eine eigene Magnetschwebebahn bauen, und die ist dem Original aufreizend ähnlich. Jahrzehntelang hatten die europäischen Staaten das Airbus-Konsortium mit Milliarden gefördert, auf dass in der Alten Welt Arbeitsplätze in der zukunftssicheren Flugzeugindustrie entstünden. Jetzt ließen die Chinesen wissen, sie würden nur dann mehr Jets kaufen, wenn Airbus auch ein Werk bei ihnen baue und sie an der Technologie teilhaben lasse. Deutsche Spitzenforscher sind neuerdings erschrocken, wenn sie die Kollegen in Indien oder China besuchen. Viele von denen wurden einst in Europa und den USA ausgebildet. Heute, heißt es, dürfe man froh sein, wenn die künftig noch mit uns zusammenarbeiten wollten. So gut seien sie geworden.

Schon wächst im Westen wieder das Bedürfnis nach Handelsbeschränkungen, nach Zöllen, danach, die Zugbrücken hochzuziehen. Doch nicht allein die internationale Konkurrenz lässt das Unbehagen am Kapitalismus wachsen. Ausgerechnet in einer Zeit, da der keinen Gegner mehr hat als sich selbst, verrät er seine eigenen Prinzipien.

Der Schotte Adam Smith (siehe S. 154) hatte vor 230 Jahren den Eigennutz als den entscheidenden Antrieb des wirtschaftlichen Fortschritts ausgemacht: Jeder versuche, sein Kapital so gewinnbringend wie möglich einzusetzen, und das nur aus egoistischen Motiven. Aber dabei werde er es zwangsläufig da investieren, wo es dem ganzen Land nütze. Der Bäcker backt nur dann Brote, der Maschinenbauer baut nur dann Maschinen, wenn es dafür Abnehmer gibt. Die Investoren setzen ihr Geld ein, um Waren (oder Dienstleistungen) zu erzeugen und diese gegen mehr Geld zu verkaufen. So befriedigen sie auch die Bedürfnisse der Käufer und schaffen zugleich Arbeitsplätze. Der Eigennutz nutzt allen. Das war die Idee.
Sie erwies sich als sehr wirksam, und sie funktioniert noch immer: Ohne das Gewinnstreben der Erfinder und Investoren gäbe es keine Handys, keine Flachbildschirme, keine Kleinwagen mit Navigationssystem und sechs Airbags. Aber es ist auch eine andere Form des Kapitalismus entstanden. Darin ist Geld nur noch dazu da, mehr Geld zu schaffen, ohne den Umweg über Fabriken, Waren, Arbeitsplätze. 90 Prozent der weltweiten Geldströme, schätzen Experten, berühren die so genannte Realwirtschaft nicht mehr, es sind reine Spekulationsgeschäfte. In den globalen Computernetzen der Finanzmärkte wird mit Devisen spekuliert, mit Aktienoptionen, mit Finanzderivaten. Allein an der Handelsbörse von Chicago

An der Handelsbörse von Chicago werden jährlich Devisen gehandelt, deren Wert das Bruttosozialprodukt des ganzen Welt übersteigt

wird während eines Jahres mit Devisen gehandelt, deren Wert das Bruttosozialprodukt der gesamten Welt übersteigt. Das ist Kasino-Kapitalismus, pures Zocken. Das Geld arbeitet nicht mehr für die Menschen, sondern nur noch für sich selbst. Der Eigennutz nutzt niemand anderem mehr. Der Kapitalismus hat eine neue Stufe erreicht. Aber er droht auch seinen Sinn zu verlieren.

Neben den Kasino-Kapitalisten gibt es eine weitere neue Spielart. Die ist durchaus an der Realwirtschaft interessiert: Diese Kapitalisten kaufen komplette Unternehmen, aber nicht unbedingt, um damit Waren zu produzieren, sondern um sie mit Gewinn weiterzuverkaufen oder auszuweiden. Sie arbeiten für Investment- oder Hedgefonds; Sozialdemokraten nennen sie Heuschrecken.

Was sie tun, kann durchaus gut sein für die Firmen, die sie befallen. Und zwar dann, wenn es zu ihrer Strategie gehört, diese Firmen effizient und wettbewerbsfähig zu machen. Das muss aber nicht sein. Manchmal wollen sie auch nur die Firmenkasse plündern oder einen lukrativen Unternehmensteil verkaufen und die anderen schließen. Kurz gesagt, kann man heute schnellen Gewinn machen, nicht indem man Brot verkauft, sondern den Bäckerladen zumacht. Das gilt als legitim, solange die Rendite die Geldgeber der Fonds zufrieden stellt. Allein darauf kommt es an.

Denn die Fondsmanager fühlen sich diesen Geldgebern verpflichtet, sonst niemandem. Die ideologische Begründung dafür ist in den vergangenen 20 Jahren entstanden, es ist die Philosophie des Shareholder-Value. Danach bemisst sich der Erfolg etwa einer Aktiengesellschaft allein an ihrem Marktwert, daran, ob das Eigentum der Anteilseigner (der Shareholder) gemehrt wird. Steigende Aktienkurse und Renditen sind alleiniges Ziel dieses Wirtschaftens. Andere mögliche Ziele wie etwa ein hoher Beschäftigungsstand zählen nicht, im Gegenteil: Oft steigt der Aktienkurs, wenn Massenentlassungen verkündet werden.

Es gibt eine freundliche Begründung für diese Philosophie: Der Aktienkurs ist demnach der sicherste Indikator für die Stärke eines Unternehmens. Und nur wenn es stark ist, kann es auch dauerhaft Arbeitsplätze sichern. Der Shareholder-Value nutzt also allen. Die barsche Begründung hingegen geht so: Der Laden gehört uns. Wir wollen damit so viel Geld wie möglich machen. Der Rest interessiert uns nicht.

Diese Denkweise mag legitim sein, aber selbstverständlich ist sie nicht. In Deutschland galt lange, dass Unternehmen auch dem Allgemeinwohl verpflichtet seien. Im 20. Jahrhundert dominierte eine besondere Form des »organisierten Kapitalismus«: Die Unternehmen waren durch vielfältige Kapitalbeteiligungen miteinander verflochten, die Banken besaßen große Aktienpakete von Industrieunternehmen. Auch dabei ging es ums Geschäft und um Gewinne, und Kritiker beschwerten sich über die Bündelung von Macht und undurchschaubare Seilschaften.

Es entstanden aber auch Abhängigkeiten und Verpflichtungen. Und die Politik nahm Einfluss auf dieses Netzwerk der »Deutschland AG«. Mehrfach wurden in konzertierten Aktionen von Staat und Wirtschaft Pleiten abgewendet (wie im Fall des Gerling-Konzerns 1974) oder feindliche Übernahmen verhindert (etwa des Reifenherstellers Continental durch den italienischen Konkurrenten Pirelli Anfang der 90er-Jahre), auch wenn das nicht gut war für die Rendite der beteiligten Unternehmen. Die (vorübergehende) Rettung des Baukonzerns Holzmann, für die sich Kanzler Gerhard Schröder 1999 von erleichterten Bauleuten feiern ließ, war das letzte Mal, dass die Banken zähneknirschend mitmachten.

Nun ist die Deutschland AG in Abwicklung. Die Unternehmen, allen voran die Deutsche Bank, verkauften viele Beteiligungen, was die rot-grüne Bundesregierung durch eine Steuerbefreiung der Verkaufserlöse beförderte. Die Unternehmen hat das flexibler gemacht und schlagkräftiger. Heute kämpft jeder für sich allein und die eigene Rendite. Das Land ist nicht mehr so wichtig.

Die Deutschen traf diese Verschärfung ausgerechnet in einer Zeit, als sie durch die Wiedervereinigung sehr mit sich selbst beschäftigt waren. Die Ostdeutschen mussten die weitgehende Deindustrialisierung ihres Landes ertragen und die

Westdeutschen Transferzahlungen von weit mehr als einer Billion Euro. Kein guter Start in das Zeitalter des Turbo-Kapitalismus, zumal die Westdeutschen zuvor ihre »Soziale Marktwirtschaft« kannten und die Ostdeutschen den Kapitalismus nur aus dem Fernsehen.

Beides trug dazu bei, dass sich die Deutschen mit der Realität des modernen Kapitalismus lange schwerer taten als andere. Nun aber verhalten sich viele, als müssten sie umso mehr beweisen, dass es auch hier aufrechte Kapitalisten gibt. Als weltfremder Spinner wird schnell abgetan, wer die Mechanismen des globalisierten Marktes auch nur hinterfragt.

Im urkapitalistischen Amerika ist man da lockerer, dort diskutieren die besten Leute viel selbstbewusster über die Zukunft des Kapitalismus. Joseph E. Stiglitz (siehe S. 185) zum Beispiel ist Nobelpreisträger, er hat an den großen Universitäten gelehrt, war Chefökonom der Weltbank und der führende Wirtschaftsberater von Präsident Bill Clinton. Er ist ein Mann des Systems. Dennoch fordert er, das Tempo der Globalisierung zu drosseln, eine neue Balance zwischen Staat und Markt zu finden, für soziale Gerechtigkeit zu sorgen – und den Finanzmärkten nicht gehorsam zu folgen: Die seien weder heilig noch objektiv, sondern ihre Akteure würden schlicht eigene Interessen verfolgen.

Eine echte Alternative zum Kapitalismus ist weder in Sicht noch wirklich wünschenswert. Doch wie er gestaltet werden soll, ist eine Frage, welche die Menschen zu entscheiden haben, die in ihm leben. Das »Ende der Geschichte«, das der Politologe Francis Fukuyama nach dem Sieg über den Kommunismus kurzerhand ausrief, ist doch noch mal vertagt.

Bevor der Kapitalismus seinen Siegeszug begann, lebten die Menschen über Jahrhunderte in einer feudalen Ordnung, die als gottgewollt und ewig galt. Im 20. Jahrhundert herrschte in den kommunistischen Staaten mit dem Marxismus eine Ideologie, die vorhersagte, der Endzustand einer klassenlosen Gesellschaft werde mit wissenschaftlicher Notwendigkeit eintreten. Heute nun sehen viele im globalen, vom Markt gesteuerten Kapitalismus die eigentliche Bestimmung der Menschheit erreicht.

Man sollte da nicht voreilig sein. Aus der Geschichte lässt sich nur eine sichere Lehre ziehen: Nichts bleibt, wie es war.

KAPITALISMUS KOMPAKT

Was geschieht?

*Ende der achtziger Jahre **kollabiert der Kommunismus** in Osteuropa. Am 9. November 1989 wird die Berliner Mauer geöffnet, bereits elf Monate später, am 3. Oktober 1990, feiert Deutschland offiziell die Wiedervereinigung. Die osteuropäischen Länder müssen einen erheblichen Transformationsschock verkraften. Zugleich entstehen junge Marktwirtschaften, die den etablierten Staaten Westeuropas neue Absatzchancen bieten – durch ihre unmittelbare Nähe und das niedrige Lohnniveau aber auch als Produktionsstandorte konkurrieren.*

*Die **europäische Integration** wird intensiviert. Auf dem Gebiet der EU tritt 1993 der Europäische Binnenmarkt in Kraft, in dem der freie Verkehr von Waren, Dienstleistungen, Kapital und Arbeit möglich ist – auch das erhöht sowohl die Absatzchancen als auch den Wettbewerbsdruck für Unternehmen und Bürger. Vom 1. Januar 1999 an ist der Euro die offizielle Währung von elf EU-Mitgliedsstaaten, drei Jahre später geht er (nun in zwölf Ländern) auch als Bargeld in Umlauf. Am 1. Mai 2004 wird die EU um zehn Mitglieder erweitert, unter anderen Polen, Tschechien, Ungarn.*

*In **Asien** entwickelt sich die Wirtschaft einstiger Entwicklungs- und Schwellenländer rasant. 1997 brechen die Wäh-*

rungen einiger Staaten aufgrund der Deregulierung der Devisenmärkte und heftiger Spekulationen zusammen. Die folgende so genannte Asienkrise bedroht vorübergehend auch die Weltwirtschaft. Die Wirtschaft Chinas, des bevölkerungsreichsten Landes der Welt, wächst in atemberaubend schnellem Tempo (mit jährlichen Raten von bis zu zehn Prozent) – und mit ihr der Energie- und Rohstoffverbrauch. Auch Indien boomt, der Subkontinent macht sich vor allem als High-Tech-Standort einen Namen. Japan hingegen, das in den 70er- und 80er-Jahren durch seinen schnellen Aufstieg im Westen für Angst und Schrecken sorgte, verabschiedet sich für mehr als ein Jahrzehnt in eine zähe deflationäre Krise, von der sich das Land erst 2004 erholt.

Die »**digitale Revolution**« verändert die Weltwirtschaft: Computer und Internet gewinnen rasant an Bedeutung. Der Boom der New Economy führt Ende der 90er-Jahre zu einer Vervielfachung der Aktienkurse vor allem an den Technologiebörsen. Im Jahr 2000 platzt die spekulative Blase – Millionen von Anlegern verlieren ihr Geld.

Was läuft schief?

Weltwirtschaft und Welthandel wachsen in hohem Tempo, aber die heftigen **Strukturbrüche** schaffen auch viele Verlierer. In den einstmals kommunistischen Staaten (und auf dem Gebiet der ehemaligen DDR) werden viele Menschen arbeitslos, die **Ungleichheit** nimmt zu. Doch auch im Westen sehen sich viele als Verlierer. Zunächst verschwinden vor allem einfache Jobs durch **Produktionsverlagerungen** in Billiglohnländer. Mehr und mehr sind auch qualifizierte Tätigkeiten durch die neue Konkurrenz bedroht. Sozialsysteme und Arbeitsmarkt in den alten Industriestaaten geraten unter erheblichen **Anpassungsdruck**. In Deutschland steigen die Reallöhne kaum noch, zum Teil sinken sie sogar.

WICHTIGE BEGRIFFE DER ÖKONOMEN

GLOBALISIERUNG: *Präzise definiert ist der Begriff nicht. Globalisierung meint im weiteren Sinne die zunehmende Vernetzung der Menschen und Volkswirtschaften auf der Welt. Ihre theoretische Begründung ist die Konvergenztheorie, wonach sich unterschiedliche Nationen und Völker durch technische, politische und wirtschaftliche Entwicklungen immer weiter einander annähern. Das verbessert die Bedingungen für einen globalen Markt und eine weltweite Produktion. Die Globalisierung lässt sich in Zahlen ablesen: In den vergangenen 25 Jahren hat sich das Bruttosozialprodukt der Welt verdoppelt, das Volumen des Welthandels aber mehr als verdreifacht.*

SHAREHOLDER-VALUE: *1986 erschien ein Buch des amerikanischen Management-Beraters Alfred Rappaport. Darin heißt es: »In einer Marktwirtschaft, die die Rechte des Privateigentums hochhält, besteht die einzige soziale Verantwortung des Wirtschaftens darin, Shareholder-Value zu schaffen.« Die Shareholder sind die Anteilseigner eines Unternehmens, also die Eigentümer, und es geht um ihren Vermögenswert (Value). Einziger Maßstab zur Bewertung des Unternehmenserfolges ist nach dieser Philosophie der Marktwert des Unternehmens (also etwa sein Preis an der Börse) sowie seine Rendite. Dieses Denken, auch wertbasierte Unter-*

nehmensführung genannt, wurde an den Finanzmärkten und in Managementkreisen populär – mit weitreichenden Folgen. Ein Management, das sich dem Shareholder-Value verpflichtet fühlt, trimmt sein Unternehmen konsequent auf Leistung und Effizienz. Es wird dafür aber eventuell auch Unternehmensteile abstoßen oder schließen, die viele Menschen beschäftigen, jedoch eine unterdurchschnittliche Rendite haben. Und eine langfristige Geschäftsplanung droht zu leiden, wenn sich das Management nur an den jeweils nächsten Quartalszahlen orientiert.

Das Gegenkonzept ist das des »Stakeholder-Value«. Es betrachtet das Unternehmen als quasi öffentliche Institution. Demnach sollen die Interessen aller Gruppen berücksichtigt werden, die von der Unternehmenspolitik betroffen sind: also neben den Aktionären zum Beispiel auch die Mitarbeiter, die Kunden, die Gesellschaft und der Staat.

NEOKEYNESIANISMUS: Über Jahrzehnte stritten die Ökonomen, wie sich am besten das Wirtschaftswachstum fördern lasse: über eine Stärkung der Angebotsseite (bessere Standortbedingungen, niedrige Unternehmenssteuern und Löhne) oder über eine Stärkung der Nachfrageseite (etwa höhere Kaufkraft der Konsumenten). Durch die Globalisierung scheint der Streit entschieden: Wenn Unternehmen für den globalen Markt produzieren und zugleich zwischen verschiedenen Standorten wählen können, kann die nationale Politik durch die Stärkung der Nachfrage wenig bewirken.

Eher wird sie versuchen, durch günstige Standortbedingungen die Produktion im Land zu halten. Dennoch gibt es eine Renaissance der Lehre von John Maynard Keynes (siehe S. 169), der die gesamtwirtschaftliche Nachfrage als entschei-

dende Größe ausgemacht hatte. Diese Neuentdeckung hat verschiedene Gründe: Erstens konnte die Angebotpolitik weder Arbeitslosigkeit noch wachsende soziale Ungleichheit verhindern. Zweitens hat sich gezeigt, dass eine rigide Lohn- und Ausgabenpolitik zu einer Stagnation der Binnenwirtschaft führen kann – wie in Deutschland. Und es sind nicht alle Wirtschaftszweige vom Außenhandel abhängig. Was ein Grund dafür ist, warum die Neokeynesianer gerade in den USA stark sind: 90 Prozent der amerikanischen Wirtschaft lebt vom US-Binnenmarkt, die Politik kann also eher über die Nachfrage die Wirtschaft beeinflussen.

***VERHALTENSÖKONOMIE:** In der Modellwelt der traditionellen Wirtschaftswissenschaft wohnt ein besonderes Geschöpf: der Homo oeconomicus. Er ist stets bestens über den Markt informiert und verhält sich streng rational. Er ist wichtig für eine funktionierende Wirtschaft – doch leider nur ein gedachtes Wesen. Im echten Leben verhalten sich Menschen oft irrational und scheinbar unberechenbar. Warum kauft jemand ein Auto, das offensichtlich schlechter und teurer ist als das Konkurrenzprodukt? Weshalb investieren Anleger in Aktien, die hoffnungslos überbewertet sind? Warum stürzen sich Manager in Geschäfte, von denen der Homo oeconomicus die Finger lassen würde? Diesen Fragen geht ein neuer Zweig der Wissenschaft nach: die Verhaltensökonomie. In Laborexperimenten versuchen die Forscher herauszufinden, wie und warum Menschen sich anders verhalten, als die Ratio erwarten ließe. Ihre Ergebnisse haben praktische Konsequenzen – auch für die Politik. Wenn zum Beispiel die Bürger gegen jede Vernunft nicht fürs Alter vorsorgen, muss eine Regierung erwägen, sie zum Sparen zu zwingen.*

Theoretiker des Kapitalismus

ADAM SMITH

1723–1790

Der schottische
Aufklärer begründete
die Nationalökonomie

S eine Zeitgenossen in Glasgow fanden ihn ziemlich
sonderbar. Einer, der schon mal im Morgenrock und
in Selbstgespräche vertieft durch den Ort irrte. Bei
Frauen hatte der wunderliche, schüchterne Gelehrte kein
Glück – nur die Beziehung zu seiner Mutter war ausgesprochen eng. Bis zu ihrem Tod lebte er mit ihr zusammen, und da
war er bereits 61 Jahre alt.

Für die Wirtschaftswissenschaft hingegen ist Adam Smith einer ihrer Geistesriesen. 1723 im schottischen Kirkcaldy geboren, lehrte er als Professor unter anderem an den Universitäten von Glasgow und Oxford. Adam Smith war von der
Aufklärung geprägt und eigentlich Moralphilosoph, doch er
gilt als Begründer der klassischen Nationalökonomie. In seinem Hauptwerk »Der Wohlstand der Nationen« von 1776
analysierte er ausführlich die Bedingungen einer effizienten Volkswirtschaft, die Mechanismen des Marktes und der
Preisbildung, die Vorzüge der Arbeitsteilung und des freien

Handels, die Rolle von Staat und Steuersystem. Der österreichische Wirtschaftswissenschaftler Joseph Schumpeter schrieb sehr viel später, der »Wohlstand der Nationen« sei »das wissenschaftliche Werk mit dem größten Erfolg, das bis heute veröffentlicht wurde«. Das Buch wurde schon bald nach seinem Erscheinen viel gelesen und seither weltweit in Hunderten unterschiedlichen Ausgaben verlegt.

Das 230 Jahre alte Werk ist immer noch die Bibel des Wirtschaftsliberalismus – ein Leitfaden für eine freiheitliche Ökonomie.

Für seine Kritiker hingegen ist Adam Smith der Erfinder des kalten, rücksichtslosen Egoismus in der Wirtschaft, Apologet einer blinden Marktgläubigkeit.

Das ist nicht ganz fair. Tatsächlich war für Smith der »Eigennutz« Motor des wirtschaftlichen Fortschritts: Der Einzelne werde immer versuchen, sein Kapital so gewinnbringend wie möglich einzusetzen, und zwar aus ganz egoistischen Motiven. Aber gerade dabei werde er es »notwendigerweise« dort investieren, wo es auch dem ganzen Land am meisten nutzt. Deshalb sollten die Menschen so wenig wie möglich an ihrer Entfaltung gehindert werden. Die Betonung des Individuums war aber auch ein Akt der Emanzipation von den Ansprüchen der feudalen Ordnung und des absolutistischen Staates. Nach Smith muss sich der Staat aus der Planung und Steuerung der Produktion heraushalten. Er soll nur mehr den äußeren Rahmen stellen, für die Einhaltung der Gesetze und die Landesverteidigung sorgen, Bildung und Kultur fördern – allerdings auch Monopole verhindern und zum Beispiel Zinsen und Bankgeschäfte regulieren. Smith wollte keinen schwachen Staat, aber er wollte ihn in seine Schranken weisen.

Adam Smith ist der Urvater eines Wirtschaftssystems, das heute fast die ganze Welt beherrscht. Viele seiner Annahmen haben sich bestätigt, letztlich läuft selbst die Globalisierung nach seinen Ideen. Zugleich sind viele seiner Analysen überholt – durch die Realität, die sich nicht immer an die modellhaften Konzepte halten mag, und durch neue Methoden der Wissenschaft. Manche moderne Phänomene konnte er nicht im Blick haben: etwa die Massenarbeitslosigkeit.

DAVID
RICARDO

1772–1823

Der englische Bankier
ist der Theoretiker
des Freihandels

Berühmt wurde er durch ein in sich geschlossenes theoretisches System der Volkswirtschaftslehre. Mindestens ebenso erfolgreich aber war er in der Praxis: Als sich David Ricardo mit 43 Jahren auf seinen Landsitz Gatcombe Park zurückzog, machte ihn ein Vermögen von 700 000 Pfund zu einem der reichsten Engländer seiner Zeit – heute wären das rund 50 Millionen Euro.

Er hatte das Geld als Börsenmakler und Bankier verdient, und seinen Erfolg erklärte er damit, dass er sich immer an der »langen Frist« orientiert und schnelle Moden ignoriert habe.

Ricardo ist neben Adam Smith der wichtigste Vertreter der klassischen Nationalökonomie und als Theoretiker noch bedeutender. Ihm ging es vor allem um die Verteilung des Volkseinkommens auf Kapitaleigner (Profit), Grundbesitzer (Grundrente – also des Einkommens aus Landbesitz) und Arbeiter (Löhne). Aus komplizierten Rechenmodellen leitete er düstere Prognosen ab: Da bei einer wachsenden Bevölkerung immer mehr Geld und Arbeit in die Landwirtschaft investiert werden müsse, werde die Grundrente immer weiter steigen (weshalb Ricardo alle seine Wertpapiere verkaufte und mehrere Landgüter erwarb), die Profitrate aber auf null sinken – damit drohe das Ende der wirtschaftlichen Entwicklung. Abhilfe versprach er sich eventuell vom technischen Fortschritt, aber auch von einer Eindämmung des Bevölkerungswachstums – darum wandte er sich gegen Armengesetze. Als Unterhausabgeordneter kämpfte er für eine Abschaffung der englischen Getreidezölle. Dadurch würde der Brotpreis sinken, und das erlaube, den Arbeitern niedrigere Löhne zu zahlen.

In der Welt der Ökonomen unsterblich wurde David Ricardo aber mit seiner Theorie der »komparativen Kostenvorteile«. Damit versuchte er zu belegen, dass der freie Handel allen Völkern nutze – selbst dann, wenn eine Nation einer anderen in jeder Hinsicht unterlegen sei. Angesichts der Verwerfungen der Globalisierung streiten die Gelehrten erneut darüber, ob diese These richtig ist. Vergleichsweise trivial war Ricardos Tod auf Erden: Er starb mit 51 Jahren an einer Mittelohrentzündung.

r war ein intelligenter Junge: Mit drei Jahren erhielt John die ersten Griechisch-Lektionen. Mit acht las er die Klassiker im Original. Latein lernte er eher nebenbei; dazu natürlich Mathematik. Ein Spielzeug hat er nie besessen. In seiner Autobiografie klagt John Stuart Mill, sein Vater habe ihm manchen Platon-Dialog vorgesetzt, den er beim besten Willen nicht habe verstehen können. Vater James, selbst ein bedeutender Ökonom, wollte aus seinem ältesten Sohn einen Geistesriesen formen. Das Ergebnis waren wiederkehrende Depressionen – und ein Werk, das John Stuart Mill zu einem der bedeutendsten ökonomischen Denker des 19. Jahrhunderts macht. Mill sah, dass der freie Markt unabdingbar war, um die Wirtschaft effizient zu organisieren. »Der Schutz vor Konkurrenz ist ein Schutz der Faulheit«, schrieb er. Zugleich erkannte er, dass das Spiel der Marktkräfte vor allem kleine Leute trifft, die zuvor von Zoll, Zunftordnungen und anderen Schutzregeln profitiert hatten.

Sein Ziel war es daher, »die größtmögliche persönliche Freiheit mit der gerechten Verteilung der Früchte der Arbeit zu verbinden«. Wirtschaft und Gesellschaft gehörten für ihn zusammen. Anders als die Urväter Adam Smith und David Ricardo plädierte er dafür, die Märkte zu beschränken, wo sie nicht funktionierten – etwa bei der Wasserversorgung. Er forderte Bildung für alle, um so auch den unteren Schichten eigenverantwortliches Handeln zu ermöglichen.

Nach Jahrzehnten als Mitarbeiter der mächtigen Ostindischen Handelsgesellschaft konzentrierte er sich einige Jahre ganz auf das Schreiben, um dann für die Liberalen ins britische Parlament einzuziehen. Dort setzte er sich insbesondere für die Rechte der Frauen ein. Aus seiner Geburtsstadt London zog er im Alter nach Avignon, wo er, 66 Jahre alt, 1873 an den Folgen einer Wundrose starb. Seine letzten Worte sollen gewesen sein: »Mein Werk ist getan.«

KARL MARX

1818–1883

Der Prophet des
Untergangs

Sein Vater fürchtete, aus dem hochbegabten Sohn könnte ein armer Poet werden. Es kam schlimmer: Karl Marx, geboren 1818 in Trier, wurde zum Aufrührer und Revolutionär. Von der preußischen Reaktion außer Landes getrieben, strandete er nach Umwegen über Paris und Brüssel schließlich staaten- und mittellos in London. Er hatte Frau und Familie; sieben Kinder, von denen vier früh starben. Dazu kam noch ein außerehelicher Sohn mit der Haushälterin. Es war sein Freund und Förderer Friedrich Engels, der ihn über Jahrzehnte über Wasser hielt – und so nicht nur den steten Nachschub an Wein und Zigarren ermöglichte, sondern auch ein Werk, das die Welt veränderte wie kaum ein anderes. Im Revolutionsjahr 1848 hatten Marx und Engels mit dem Kommunistischen Manifest eine fulminante Anklage gegen den Kapitalismus vorgelegt. Und die Alternative zum Diktat des Marktes aufgezeigt, auch wenn die wesentlich wolkiger blieb als die Analyse der bestehenden Verhältnisse:

»Ein Gespenst geht um in Europa. Das Gespenst des Kommunismus«, beginnt der schmale Band, der zum Weltbestseller wurde. Die Arbeiter, so argumentiert Marx, bekämen von den Kapitalisten stets nur so viel Lohn, wie sie brauchten, um ihre Arbeitskraft zu erhalten und Kinder großzuziehen. Den Rest der geschaffenen Werte eigneten sich die Besitzer der Produktionsmittel an. Sie waren für ihn die Ausbeuter – aber aufgrund der Dynamik des Kapitalismus dem Untergang geweiht. Denn das ganze System funktioniere nur durch die ständige Ausweitung der Produktion, die aber Krisen fördere, die Profite sinken lasse und am Ende der Revolution den Weg bereite.

Als Marx mit 64 Jahren in London starb, hatte er den ersten Band seines Hauptwerkes »Das Kapital« fertig gestellt. Aus dem Nachlass gab Engels Band zwei und drei sowie unzählige weitere Schriften heraus. Die Werke von Marx und Engels wurden zur Grundlage des Marxismus, der bislang größten – und gescheiterten – Herausforderung des Kapitalismus. Kein Autor ist so wie Marx für den politischen Kampf interpretiert und missbraucht worden. Dabei erwiesen sich seine Zukunftsvisionen als falsch. Die Analysen dagegen sind noch heute lesenswert. »Das Bedürfnis nach einem stets ausgedehnteren Absatz jagt die Bourgeoisie über die ganze Erdkugel«, schrieben Marx und Engels vor über 150 Jahren. »Überall muss sie sich einnisten, überall anbauen, überall Verbindungen herstellen.« Begraben ist Marx auf dem Londoner Friedhof Highgate. Auf dem Stein steht der Schlussappell aus dem »Manifest«: »Proletarier aller Länder, vereinigt euch.«

Dass er einer der ganz Großen seiner Zunft war, wurde erst lange nach seinem Tod anerkannt. Léon Walras, der Ökonom aus dem normannischen Provinzdorf Evreux, war Zurückweisungen gewohnt. Als junger Mann fiel er gleich zweimal durch die Aufnahmeprüfung der elitären »Ecole Polytechnique« in Paris. Später sah sich der Lausanner Professor um die Anerkennung für sein Lebenswerk – das Grenznutzen-Konzept – betrogen. Der Österreicher Carl Menger und andere hatten ähnliche Theorien entwickelt; erbittert stritten die Ökonomen um den Ruhm, der Erste gewesen zu sein. Am Ende stellte sich heraus, dass es keiner von ihnen war, sondern ein unbekannter Außenseiter: der pensionierte preußische Beamte Hermann Heinrich Gossen. Mit viel Elan machte sich Walras daran, aus der Grenznutzen-Idee, die die Wirtschaftswissenschaften revolutionierte, etwas Neues zu schaffen – eine Theorie der Gleichgewichte auf den Märkten. Gestorben ist er 1910 am Genfer See. Kurz zuvor demonstrierte er mit einem wunderbaren Vergleich, dass er die Ignoranz der Zeitgenossen gegenüber seinem Werk mittlerweile verwunden hatte: »Wenn man schnell ernten will, muss man Möhren und Salat säen«, schrieb er. Bei Eichen solle man sich dagegen sagen: »Erst meine Enkel werden mir für den Schatten danken.«

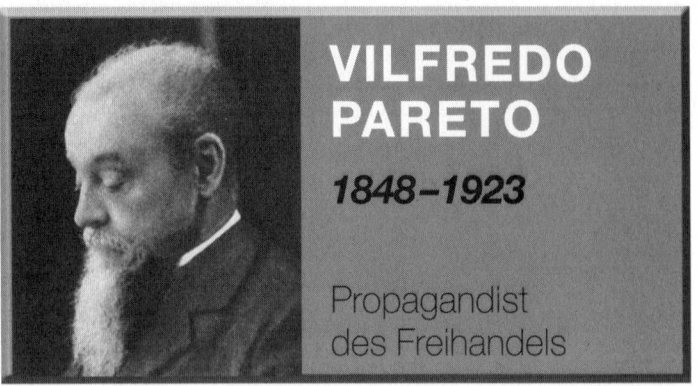

VILFREDO PARETO

1848–1923

Propagandist
des Freihandels

Vilfredo Pareto war ein wahrer Europäer: Sohn eines Italieners, in Paris geboren, ursprünglich auf den deutschen Namen Wilfried Fritz getauft. Später hat er eine Russin geheiratet und viele Jahre in der Schweiz gelebt. Ein Grenzgänger ist der Denker mit dem Rauschebart auch in seinem wissenschaftlichen Werk, das zum Teil der Soziologie, zum Teil den Wirtschaftswissenschaften zuzurechnen ist. Seine herausragende Leistung als Wirtschaftsforscher ist die »Theorie der Wahlakte«. Sie beschreibt, wann Menschen untereinander Waren tauschen – und wann sie es nicht mehr tun: nämlich im »Pareto-Optimum«. Das ist der Zustand, indem sich niemand mehr durch Tausch verbessern kann, ohne dass sich ein anderer schlechter stellt. Auf dieser Grundlage konnte Pareto die Entstehung von Preisen und einer arbeitsteiligen Produktion erklären. Als gelernter Ingenieur beschrieb er die Welt mit großer mathematischer Abstraktion. Wegen seiner soziologischen Theorien – darunter die Zirkulation der Eliten – ist ihm immer wieder vorgehalten worden, er habe den italienischen Faschisten intellektuell den Weg bereitet. Noch auf dem Totenbett 1923 in Céligny am Genfer See hat er sich dagegen gewehrt, von ihnen vereinnahmt zu werden.

**JOSEPH
SCHUMPETER**

1883 – 1950

Der Österreicher
erklärte die Dynamik
des Kapitalismus

As junger Mann hatte Joseph Schumpeter drei Ziele:
Er wollte der größte Ökonom der Welt, der beste Rei-
ter Österreichs und der beste Liebhaber Wiens werden. Mit der Reiterei, sagte er später, habe es nicht geklappt.
Als Ökonom hat der Sohn eines Tuchfabrikanten aus Mähren
einiges geleistet: Er erklärte die Dynamik des Kapitalismus.
Warum entwickelt sich die Wirtschaft nicht gleichmäßig, sondern in »langen Wellen« und kurzen Konjunkturzyklen? Seine
Kollegen beschrieben mit statischen Modellen Gleichgewichte. Schumpeter hingegen entdeckte das Ungleichgewicht
als Charakteristikum kapitalistischer Märkte – und den Unternehmer als Schlüsselfigur. Innovation ist sein Antrieb:
neue Produkte, neue Produktionsmethoden, neue Märkte,
neue Rohstoffquellen oder neue Marktstrukturen (etwa die
Chance, ein Monopol zu erringen) – das sind die fünf Gruppen von Innovationen, die Schumpeter ausmachte. Hat der
Pionierunternehmer eine Neuerung durchgesetzt, kassiert er

eine Zeit lang einen Monopolgewinn. Bald gibt es die ersten Nachahmer, die Gewinnmarge fällt, eine neue Idee muss her: ein ständiger Prozess »schöpferischer Zerstörung«. Dieses Auf und Ab schafft Ungleichgewichte – Gleichgewicht wäre der Tod des Systems. Dennoch sagte Schumpeter dem Kapitalismus sein sicheres Ende voraus – nämlich dann, wenn der aggressive Kleinunternehmer endgültig vom angestellten Managertyp des bürokratischen Großkapitalismus verdrängt sei. Hier irrte er – Innovationskraft und Aggressivität des Großkapitalismus sind größer denn je.

Als seine Mutter starb, hinterließ sie 34 dicke Alben, gefüllt mit Zeitungsausschnitten über den berühmten Sohn. John Maynard Keynes stammte aus einer britischen Aufsteigerfamilie: Der Großvater war Bürstenmacher, der Vater schon Professor in Cambridge, und groß war der Ehrgeiz seiner Eltern. Er enttäuschte sie nicht: Über keinen anderen Ökonomen außer Karl Marx wurde so viel geschrieben wie über ihn, und manche Experten vergleichen seinen Einfluss mit dem von Adam Smith – und der war der Begründer der modernen Nationalökonomie. Keynes wurde zum Lord geadelt, zu seinen Freunden zählten Philosophen wie Bertrand Russell und Ludwig Wittgenstein oder die Schriftstellerin Virginia Woolf.

Keynes besuchte das Elite-Internat Eton, er studierte und lehrte später am King's College in Cambridge. Als Vertreter des britischen Schatzkanzlers nahm er 1919 an den Friedensverhandlungen von Versailles teil – und war entsetzt über die astronomisch hohen Reparationsverpflichtungen, die die Siegermächte des Ersten Weltkriegs Deutschland aufbürdeten, ohne die wirtschaftlichen Folgen für das zerstörte Europa zu bedenken.

Keynes' Verdienst ist es, den Blick auf die komplexen Mechanismen in einer Volkswirtschaft gelenkt zu haben. Seine Kollegen hatten sich vor allem mit der Mikroökonomie beschäftigt: dem Verhalten einzelner Unternehmen. Keynes deckte als Makroökonom die Schwäche in der allzu theoretischen Modellwelt der Nationalökonomie auf – und war selbstbewusst genug, seine Vorgänger elegant als »Klassiker« abzutun. Sein Hauptwerk »Die Allgemeine Theorie der Beschäftigung, des Zinses und des Geldes« von 1936 ist eine gründliche Abrechnung mit der volkswirtschaftlichen Orthodoxie. Große Wirkung hatte er aber vor allem, weil er sich in die Politik einmischte. Der Staat solle die heftigen Ausschläge des Marktes mildern, indem er Einfluss auf die gesamtwirtschaftliche Nachfrage nimmt, etwa durch Steuersenkungen oder höhere Staatsausgaben. So wurde er für ein paar Jahrzehnte zum weltweit prägenden Ökonomen. US-Präsident Richard Nixon sagte noch Anfang der 70er-Jahre: »Wir sind alle Keynesianer.« Dann geriet seine Lehre in Misskredit, weil sich die Schuldenmacher dieser Zeit auf ihn beriefen. Doch heute suchen die Politiker wieder nach Wegen, Einfluss auf die Wirtschaft zu nehmen – tot sind die Ideen Keynes' noch lange nicht.

WALTER EUCKEN

1891–1950

Der Verteidiger des fairen Wettbewerbs

S eine Witwe Edith hat lange nach dem Krieg über Walter Eucken gesagt, er sei gar nicht intellektuell gewesen. Groß und schlank war er, ein guter Spielkamerad für die Kinder – und ein aufrechter Mann: Wie nur wenige deutsche Professoren hat er dem Nationalsozialismus widerstanden. Als die Nürnberger Rassengesetze 1935 in Kraft traten, schrieb er, »diese Sünde« werde sich furchtbar am deutschen Volk rächen.

Später haben er und seine Mitstreiter an der Universität Freiburg Konzepte für eine Wirtschaftsordnung Deutschlands nach dem Ende der NS-Herrschaft erarbeitet und Kontakt zu Widerstandsgruppen gehalten. Obwohl nationalsozialistische Studenten schon 1936 gefordert hatten, ihn umzubringen, überstanden Eucken und seine aus einer jüdischen Familie stammende Frau die Jahre bis 1945. Vielleicht hat Eucken auch davon profitiert, dass er aus einer Vorzeigefamilie des Bildungsbürgertums stammte; sein Vater war der Philosoph und Literaturnobelpreisträger Rudolf Eucken.

Von 1927 bis zu seinem Tod lehrte Walter Eucken in Freiburg. Entschieden wandte er sich gegen die in den 30er-Jahren nach den Erfahrungen mit der Weltwirtschaftskrise weit verbreitete Vorstellung, dass die Wirtschaft zentral gelenkt werden solle. Er vertraute dem Markt, war aber zugleich ein Gegner des ungezügelten Laissez-faire-Kapitalismus des 19. Jahrhunderts. Sein Ideal war ein Staat, der den Rahmen für freien und fairen Wettbewerb setzt, ansonsten aber nicht in die Wirtschaft eingreift.

Ihm ging es, wie er sagte, nicht darum, »die so genannten Missbräuche wirtschaftlicher Macht zu bekämpfen, sondern wirtschaftliche Macht selbst«.

Die von ihm begründete Schule des Ordoliberalismus hatte großen Einfluss auf die Organisation der Sozialen Marktwirtschaft in Deutschland. Eine entschlossene Gesetzgebung gegen Kartelle, die sein Hauptanliegen war, kam aber nicht zustande. Er starb 1950, keine 60 Jahre alt, nach einem Herzanfall bei einer Reise an die berühmte London School of Economics, wo er Gastvorträge über »Unsere erfolglose Zeit« gehalten hatte.

D er Ökonom und Religionssoziologe Alfred Müller-Armack hat das wohl wirkungsvollste Schlagwort der
deutschen Politik in der zweiten Hälfte des 20. Jahrhunderts erfunden: Soziale Marktwirtschaft. Erstmals taucht
der Begriff als Überschrift des zweiten Kapitels in dem
schmalen Band »Wirtschaftslenkung und Marktwirtschaft«
auf, den Müller-Armack 1946 publiziert hat. Bis zu seinem
Lebensende schrieb er »sozial« mit großem S. Er forderte
eine Ordnung »nach dem Maße des Menschen«. Neben der
Freiheit nannte er soziale Gerechtigkeit als das zweite »große
sittliche Ziel«, dem er sich verpflichtet fühle. Der Begriff der
Sozialen Marktwirtschaft blieb jedoch – in Müller-Armacks
Schriften wie in der politischen Praxis – seltsam schwammig.
Gerade das hat dazu beigetragen, dass er über die Partei-
grenzen hinweg populär wurde.

In den Aufbaujahren der Bundesrepublik arbeitete Müller-Armack als Abteilungsleiter für Wirtschaftspolitik und ab 1958

als Staatssekretär für Europafragen im Wirtschaftsministerium eng mit Ludwig Erhard zusammen. Angesichts des Aufschwungs der Wirtschaft plädierte er Anfang der 60er-Jahre dafür, eine zweite Phase der Sozialen Marktwirtschaft zu beginnen – vielfach ist ihm daher vorgeworfen worden, an der Aufblähung des Sozialstaats, die später zu dessen Krise führte, mitschuldig zu sein.

Bevor Müller-Armack 1952 in die Politik ging, machte er als Wissenschaftler Karriere. Der in Essen geborene Sohn eines Betriebsleiters bei Krupp war einer der jüngsten Privatdozenten der Weimarer Republik, dann Professor in Münster und Köln. Als Erhard 1963 aus dem Wirtschaftsministerium ins Kanzleramt wechselte, kehrte er an die Universität Köln zurück. Vergebens hatte er sich zuvor um eine Integration Großbritanniens in die Europäische Wirtschaftsgemeinschaft bemüht. Müller-Armack blieb eine der Galionsfiguren der Sozialen Marktwirtschaft, er war unter anderem Vorsitzender der Ludwig-Erhard- und der Konrad-Adenauer-Stiftung. Als der Versöhner von Kapital und Arbeit 1978 starb, blieben viele Nachrufe ungedruckt: Die Drucker streikten gerade.

PAUL A. SAMUELSON

geb. 1915

Der Lehrmeister
des akademischen
Nachwuchses

U m acht Uhr früh am 2. Januar 1932 wurde Paul A. Samuelson, wie er es selbst nennt, neu geboren. Zum ersten Mal betrat der damals 16-Jährige den Hörsaal der Universität Chicago, um sich eine Vorlesung in Volkswirtschaftslehre anzuhören. Es ging um den berühmten britischen Ökonomen Thomas Malthus und dessen Theorie der Bevölkerungszunahme in wachsenden Volkswirtschaften. Samuelson fand das so einfach, dass er sich fragte, ob ihm etwas geheimnisvoll Kompliziertes entgangen sei. In Wirklichkeit hatte er alles verstanden – und seine Leidenschaft gefunden. Jahrzehnte später sagte der erste amerikanische Nobelpreisträger für Wirtschaft: »Man sollte niemals unterschätzen, wie wichtig es ist, früh im Leben die Arbeit zu finden, die für einen Vergnügen ist.« Er macht diese Arbeit bis heute; mit überragendem Erfolg.

Chicago war damals eine Hochburg der neoklassischen Volkswirtschaftslehre, die im 19. Jahrhundert entstanden war. In dieser Tradition wurde Samuelson ausgebildet, während um ihn herum die Weltwirtschaft kollabierte und neue Theorien wie die des Briten John Maynard Keynes entstanden, die bald die Vorherrschaft der Neoklassiker brachen. »Vernunft siegte über Tradition und Dogma«, schrieb Samuelson über seine eigene Annäherung an Keynes, die ihn zu einem Befürworter staatlicher Maßnahmen zur Ankurbelung der Nachfrage bei Arbeitslosigkeit machte.

Von Chicago wechselte er zunächst nach Harvard, seit 1940 arbeitet er am Massachusetts Institute of Technology (MIT) in Boston. Er hat den demokratischen US-Präsidenten John F. Kennedy beraten, vor allem aber das ökonomische Denken von Millionen Studenten geprägt. Sein 1948 erschienenes Lehrbuch »Economics« wurde ein Weltbestseller. Das Werk hat die Veränderungen der Wirtschaftswissenschaften durch seine Weiterentwicklung von Ausgabe zu Ausgabe über Jahrzehnte mitgeprägt.

Der Nobelpreis 1970 wurde ihm ausdrücklich auch dafür verliehen, die Methoden seiner Disziplin vorangebracht zu haben. Er sorgte für mathematische Klarheit der Theorien.

Der mittlerweile über 90-Jährige schrieb über Jahrzehnte Kolumnen in »Newsweek« und mischt sich bis heute in aktuelle Debatten ein. So riet er dazu, das Tempo der Globalisierung zu drosseln, und relativierte die über Generationen unangefochtene Theorie des Klassikers David Ricardo, dass der freie Handel allen Beteiligten nützt. Der Vater von sechs Kindern gilt als einer der letzten Generalisten seiner immer stärker spezialisierten Zunft.

FRIEDRICH AUGUST VON HAYEK

1899–1992

Kämpfer gegen die »aus-
teilende Gerechtigkeit«

Wie viele Kühe braucht das Land? Wie viele Butter-
cremetorten und wie viele Spültücher? Niemand
kann das wissen. Auch kein staatlicher Planer. Es
war der Österreicher Friedrich August von Hayek, der deutlicher als alle Ökonomen vor ihm aussprach, was den Markt
so effizient macht: Dass nämlich die freie Preisbildung ein
Weg ist, Informationen über Wünsche, Bedürfnisse und Prio-
ritäten auszutauschen. Und dass so eine »spontane Ordnung« entstehe, die jeder Planung überlegen sei. Für seine
Sicht der Welt warb der 1899 geborene Hayek schon seit den
30er-Jahren, in denen er einer der Gegner des Briten John
Maynard Keynes war. Berühmt wurde Hayek, der in London
lehrte, am Ende des Zweiten Weltkriegs mit dem Buch »Der
Weg zur Knechtschaft«, einem leidenschaftlichen Pamphlet
gegen Staatsinterventionismus, das er den »Sozialisten aller
Parteien« widmete. Über Wochen reiste er durch die USA
und predigte in überfüllten Hallen gegen sozialistische Um-

triebe. Bei seinen ersten Auftritten war er noch eher schüchtern, dann entdeckte er seine Liebe zur öffentlichen Rede.

In Großbritannien machte er sich mit dem Buch viele Feinde. Über Jahrzehnte galt seine Abscheu gegen alle Erscheinungsformen des Sozialstaats gerade in Europa als hoffnungslos veraltet. Einen »großartigen Dinosaurier« nannte ihn der britische Philosoph Anthony Quinton. Erst das Scheitern der staatlichen Eingriffe in die Wirtschaft weckte in den 70er-Jahren wieder das Interesse an dem Österreicher, der seine Karriere eigentlich hinter sich hatte. Nach Professuren an der London School of Economics und in Chicago war er ins beschauliche Freiburg gegangen. Als er 1974 den Nobelpreis erhielt, ließ Hayek sein Berufsleben mit einer Gastprofessur in Salzburg ausklingen. Die plötzliche Anerkennung gab ihm neuen Schwung. 1976 schrieb er über die soziale Gerechtigkeit: »Ich bin zu dem Schluss gekommen, dass für eine Gesellschaft freier Menschen dieses Wort überhaupt keinen Sinn hat.« Er verhöhnte sie als »austeilende Gerechtigkeit«. Mit solcher Rhetorik brachte er es zum Guru der britischen Premierministerin Margaret Thatcher. Den Zusammenbruch des Ostblocks erlebte Hayek als 90-Jähriger. Er sah die Bilder im Fernsehen. Sein Sohn Laurence erinnert sich an den Kommentar des Vaters: »Ich habe es euch gesagt.«

MILTON FRIEDMAN

geb. 1912

Anführer der monetaristischen Konterrevolution

D ie ersten 50 Jahre seines Lebens verbrachte Milton Friedman eher unauffällig, dann startete er durch: Er wurde der berühmteste lebende Ökonom der Welt und der einflussreichste dazu. »Kapitalismus und Freiheit« heißt das Buch, mit dem er sich 1962 gegen die überwältigende Mehrheit seiner Professorenkollegen stellte. Ein Jahrzehnt später galt er als Wortführer der »Chicago Boys«, jener Schule liberaler Ökonomen der Universität Chicago, die dem ganzen Fach eine neue Richtung gab. Friedman, der von 1946 bis 1976 in Chicago lehrte, mischt sich noch heute, mit über 90 Jahren, in die Politik ein. Wie immer mit klaren Rezepten, die sich seit Jahrzehnten nicht geändert haben. So empfiehlt er Angela Merkel, es doch so zu machen wie Ronald Reagan und Margaret Thatcher, die vor einem Vierteljahrhundert in den USA und Großbritannien weitgehend in seinem Sinne regierten. »Es geht um wirklich freie Märkte«, predigt Friedman. Der Staat ist für ihn nicht die Lösung, sondern der Quell aller Probleme. Eigentlich, sagt Friedman, ist Wirtschaftspolitik einfach: Sie muss nur aufpassen, wie viel Geld in der Wirtschaft zirkuliert. Wenn die Geldmenge nicht schneller wächst als die Wirtschaftsleistung, ist die Inflation gebannt. Hohe Arbeitslosigkeit kann ohne schädliche Markteingriffe von Staat, Verbänden oder Gewerkschaften auf Dauer auch nicht bestehen. Friedman selbst sprach von einer »Konterrevolution« gegen die staatsgläubigen Keynesianer, die in den Nachkriegsjahrzehnten das ökonomische Denken bestimmt hatten. Auch wenn die Geldmengensteuerung sich als kniffliger erwiesen hat als von Friedman vorausgesagt, gehören viele seiner Thesen heute zum Standardrepertoire der Volkswirte. Der »Monetarismus« – also der Glaube an die Bedeutung der Geldmenge für die Inflation – ist mit seinem Namen untrennbar verbunden.

ROBERT LUCAS

geb. 1937

Propagandist der
»rationalen
Erwartungen«

Beim Festbankett nach der Nobelpreisverleihung 1995 erinnerte Robert Lucas an Voltaire. Dem habe auf dem Totenbett ein Priester gesagt, er solle dem Teufel abschwören. Darauf Voltaire: »Dies ist nicht der Moment, sich neue Feinde zu machen.« In diesem Sinne ließ sich Lucas in Stockholm als Preisträger feiern: als altersmilder Veteran wilder Auseinandersetzungen der Wirtschaftswissenschaft.

Von Jugend an hatte Robert Lucas auf die Überzeugungskraft mathematischer Lösungen gesetzt. Schon als Teenager half er seinem Vater, technische Probleme beim Bau von Kühlanlagen zu lösen. »Er hat meine Berechnungen wirklich benutzt«, erinnert sich Lucas später. »Es war mein erster Eindruck von angewandter Mathematik. Und was für ein aufregender.« Die Beherrschung der Methoden war später seine schärfste Waffe.

In den 70er-Jahren stand der Ökonom, der ursprünglich Geschichte studiert hatte, stets an vorderster Front, wenn es darum ging, den Keynesianern die Vorherrschaft in der Volkswirtschaft zu entreißen. Seine Fans feierten den von der Pazifikküste stammenden Mann als Revolutionär. Die schwedische Akademie der Wissenschaften nannte ihn den einflussreichsten Makroökonomen seit 1970. Ruhm – und viele Feinde – verdankt Lucas der Theorie der »rationalen Erwartungen«. 1972 gelang es ihm, in einem eleganten Modell darzulegen, dass jeder Versuch des Staates, die Arbeitslosigkeit zu bekämpfen, indem er ein wenig mehr Inflation zulässt, auf Dauer scheitern müsse, weil sich die Leute nicht an der Nase herumführen lassen und letztlich die Effekte staatlicher Eingriffe vorausahnen und in ihre Planungen einbeziehen.

Lucas, der zur Chicagoer Ökonomenschule zählt, hätte auch sagen können: Die Wirtschaftspolitik der vergangenen Jahrzehnte war falsch.

JAGDISH BHAGWATI

geb. 1934

Der gebürtige Inder
ist der Prophet
der Globalisierung

D ie Globalisierung ist für ihn mehr als ein Forschungs-
gegenstand. Sie ist sein großes Anliegen – und in gewisser Weise auch sein Leben. Jagdish Bhagwati
wurde 1934 als eines von sieben Geschwistern im indischen
Bombay geboren, er studierte im englischen Cambridge, am
amerikanischen Massachusetts Institute of Technology (MIT)
und in Oxford, lehrte Ökonomie in Indien, kehrte ans MIT zurück, ist heute Professor an der Columbia University in New
York. Er beriet die Welthandelsorganisation WTO und die Vereinten Nationen in Sachen Globalisierung und berät heute
UN-Generalsekretär Kofi Annan beim Thema Afrika: Der Inder mit dem amerikanischen Pass ist der Prototyp des globalen Gelehrten. Und er ist einer der international führenden
Außenhandelstheoretiker.

Bhagwatis Biografie ist auch ein Grund, warum er die Globalisierung mit anderen Augen sieht als viele Menschen im
Westen. Die fürchten vor allem um ihren Wohlstand – er sieht

eine Chance für die Armen in dieser Welt. Dabei geht es ihm um mehr als höhere Einkommen. Wenn arme Länder vom Welthandel profitieren, argumentiert Jagdish Bhagwati, wachse etwa der Anreiz für Familien, ihre Kinder in die Schule zu schicken statt aufs Feld oder in die Fabrik. Wie in seinem Herkunftsland Indien, das heute als ein wichtiger Hochtechnologie-Standort gilt. Zahlreiche Studien zeigten, dass als eine Folge der Globalisierung die Kinderarbeit zurückgehe und nicht etwa zunehme, wie Kritiker behaupten. Die Globalisierung, sagt Bhagwati, besitze »ein menschliches Antlitz«. Er kennt aber auch die Angst der Menschen in den alten Industrieländern und versucht sie zu beruhigen: Die Globalisierung sei »keine Einbahnstraße«, auch die reichen Staaten würden vom wachsenden Handel profitieren. Von der Jobverlagerung sei letztlich nur ein kleiner Teil der Bevölkerung betroffen. Bhagwati mahnt aber auch, alle müssten extrem flexibel sein, Unternehmen wie Beschäftigte. Zum Verlierer würde, wer nicht bereit sei, sich anzupassen. Heute sollte ein Arbeitnehmer beim Bewerbungsgespräch nicht mehr als Erstes nach der Betriebsrente fragen, sondern nach dem Fortbildungsprogramm des Unternehmens. Gemütlich ist es nicht in Bhagwatis dynamischer Ökonomie. Er sagt: »Die Tage der Sozialen Marktwirtschaft, wie sie die Deutschen gewohnt sind, sind in der globalisierten Welt gezählt.«

JOSEPH E. STIGLITZ

geb. 1943

Der Amerikaner will die Globalisierung demokratisieren

A kademische Zurückhaltung ist seine Sache nicht. Über die Mitarbeiter des Internationalen Währungsfonds (IWF) sagte er, viele von ihnen seien »drittklassige Studenten erstklassiger Universitäten«. Dem IWF attestierte er ebenso »schlichte Inkompetenz« wie US-Präsident George W. Bush.

Wer ihn fragt, warum er Ökonomie studiert hat, dem erzählt er von arbeitslosen Stahlarbeitern in seinem Geburtsort Gary bei Chicago.

An der Wall Street nennen sie ihn »Red Joe«. Doch Joseph E. Stiglitz ist kein linker Rabauke, sondern einer der renommiertesten Wirtschaftswissenschaftler der Welt. Er lehrte in Yale und Stanford, in Princeton und Oxford.

Er war der führende Berater von US-Präsident Bill Clinton und Chefökonom sowie Vizepräsident der Weltbank. 2001 erhielt Joseph Stiglitz den Nobelpreis für Wirtschaft.

Sein Curriculum Vitae, also die Liste seiner Ämter, Ehrungen und Veröffentlichungen, umfasst 54 eng bedruckte Seiten.

Diese Autorität nutzt er, um Fehlentwicklungen der Globalisierung anzuprangern. Dem IWF wirft er ideologisch bornierten »Marktfundamentalismus« vor: Die Vorstellung, der Markt würde generell effiziente Ergebnisse hervorbringen, sei naiv. Mit seinen radikalen Liberalisierungs- und Sparvorschriften habe der IWF zum Beispiel in den 90er-Jahren die Länder Lateinamerikas ins wirtschaftliche Desaster geführt. Sein Hauptvorwurf: Die Politik sei auf einem Auge blind. Die Deregulierung der Märkte sei zu weit getrieben, die Konzerne und Finanzmärkte hätten zu viel Einfluss, die Entwicklungsländer zu wenig Mitspracherechte. Auch eine Marktwirtschaft brauche Arbeitnehmerschutz und Umverteilung. Markt und Staat müssten wieder ins »richtige Gleichgewicht« gebracht werden.

Mehr politische Gestaltung, mehr Mitsprache: Stiglitz ist ausdrücklich kein Gegner der Globalisierung, aber er will sie demokratisieren.

REGISTER

Adenauer, Konrad   88 f., 174

Aktienkurse   60, 142, 147

Aktienoption   140

Amerika   62, 144

Angebot   34, 39, 48, 56, 61, 64 f.,
   78 f., 107, 127

Angebotsorientierte
   Wirtschaftspolitik   127

Anpassungsdruck   148

Arbeitsbeschaffung   92

Arbeitskraft   22, 162

Arbeitslosengeld   92

Arbeitslosenversicherung   68

Arbeitslosigkeit   55, 64, 68, 75 f.,
   78 ff., 86, 88, 96, 99, 102 f., 106,
   108 f., 115, 123, 126, 151, 176,
   180, 182

Arbeitsmarkt   15, 32, 65, 92, 103,
   148

Arbeitsteilung   22, 24, 30, 135,
   154

Arbeitszeit   18, 24, 49, 65, 90,
   144

Asien   6, 88, 146, 135 f., 139

Ausbeutung   31

Ausgabenpolitik   74, 151

Außenhandel   151

Automobil   38

Bankwesen   46, 76

Beckerath, Erwin von   91

Bevölkerung   18, 21, 24 f., 30, 40,
   53, 68 f., 99, 157 f., 184

Bhagwati, Jagdish   138, 183 f.

Böhm, Franz   91

Börsencrash   63, 76

Börsenkurse   47

Brandt, Willy   107, 109, 116

Bretton Woods   88, 102

Brüning, Heinrich   66, 71 f.

Brunner, Karl   113

Bundesrepublik Deutschland   8,
   85 f., 89, 93, 95, 98 f., 101, 106 f.,
   110, 115, 117, 120, 123, 133,
   173

China   6, 42, 121, 131, 135 f.,
   138 f., 147

Club of Rome   109

Computer   118 f., 136, 139 f., 147

Container   134

Dampfmaschine   13, 16, 20, 30,
   43 f., 50

Deficit Spending   81

Deflation   78 ff.

Demontage   98

187

Depression 62 f., 69, 72, 75 f., 91, 159

Deutscher Zollverein 44 f., 52

Deutschland 6, 8, 12, 14 f., 19, 29 f., 42 f., 46, 49, 53, 62 ff., 66 ff., 71 f., 76, 84 ff., 88, 93 f., 96, 98, 106, 112, 116 f., 120, 133, 136, 138, 142 ff., 146, 148, 151, 170 ff.

Dienstleistungssektor 52

Dierig, Christian Gottlieb 13 f., 38

digitale Revolution 147

Egoismus 19, 21, 155

Eichendorff, Joseph von 43

Eigennutz 140 f., 155

Eisenbahn 16, 28, 30, 38, 43 f.

Elektrizität 38, 50

elektronische Datenverarbeitung 123

Engels, Friedrich 49, 57, 161 f.

England 12, 15 f., 29 f., 35, 46, 115

Erhard, Ludwig 86, 88 f., 91 f., 174

Erster Weltkrieg 44, 50, 69, 71, 76, 170

Eucken, Walter 7, 90 f., 171 f.

Euro 111, 138, 144, 146, 157

europäische Integration 146

Exportmärkte 15

Fabrikarbeiter 31

Feudalismus 12, 18 f., 30, 52

Finanzderivate 140

Finanzmärkte 140, 145, 150, 186

Fischer, Johann Conrad 16

Fließband 24, 73

Ford, Henry 23, 73

Französische Revolution 18

Freihandel 7, 29, 157, 165

Friedman, Milton 7, 113, 115, 117, 125, 179 f.

Fukuyama, Francis 145

Galbraith, John Kenneth 75

Geld 7, 9, 14, 16 f., 19 ff., 30, 35, 61 f., 64 ff., 69 ff., 74, 77, 78 ff., 85, 87, 108 f., 113, 117, 140 ff., 147, 157 f., 170, 180

Geldknappheit 66

Geldmenge 79, 122, 125, 180

gesamtwirtschaftliche Nachfrage 78, 80, 101, 150, 170

Gewerbefreiheit 15, 19, 30, 40, 52

Gewerkschaften 51, 75, 78, 87, 92, 115, 124, 138, 180

Gleichgewicht 48, 55 f., 64, 79, 94, 101, 103, 125, 163, 167 f., 186

Globalisierung 8, 57, 112, 120, 130, 138 f., 145, 149 f., 156, 158, 176, 183–186

Globalsteuerung 80, 94, 101, 110, 122

Göhre, Paul 49

Grenznutzentheorie 55

Handelsbeschränkungen 140

Handwerker 12, 14, 22, 25, 31

Hauptmann, Gerhart 40 f., 49

Hayek, Friedrich August von 116, 177 f.

Heath, Edward 115

Hedgefonds 141
Heine, Heinrich 42
Heuser, Carl Otto 85
Hicks, John 96
Hitler, Adolf 68, 75, 86, 88, 90
Homo oeconomicus 151
Hoover, Herbert 72
Hungerlöhne 24, 31, 39
Hyperinflation 69, 71, 76

Immermann, Karl Leberecht 17
Indien 6, 136, 139, 147, 183 f.
Industrialisierung 12, 14 f., 20, 30,
 38, 115, 133
Industriekapitalismus 21, 25, 63
Industrieproduktion 67
Innovation 167 f.
Internationaler Währungsfonds
 102, 185
Investitionen 74, 91, 94
Investitionsfallen 65
Isolationismus 72, 77

Kasino-Kapitalismus 141
Keynes, John Maynard 7, 51,
 64 f., 74 f., 79 f., 94, 96, 99,
 101 ff., 110, 122, 150, 169 f.,
 176 f., 180
Kohl, Helmut 117, 124
Kommunismus 8, 130 f., 145 f.,
 162
Kommunistische Manifest 57, 161
komparativer Vorteil 34 f., 135,
 158
Konjunktur 9, 51, 54, 60, 64, 70,
 74 f., 80 f.

Konjunkturschwankungen 74
Konjunkturzyklen 64, 167
Konsum 7, 51
Konvergenztheorie 149
konzertierte Aktion 143
Koreakrieg 88, 99

Laffer, Arthur 116 f., 126
Laffer-Kurve 116, 126
Lahnstein, Manfred 112, 116 f.
Landwirtschaft 21, 25, 28, 52, 54,
 92, 158
Leibeigenschaft 21, 30, 40
Liquiditätsfallen 65, 80
Lohnfortzahlung 92
Lohnweber 14, 29, 133
Lucas, Robert 117, 181 f.

magische Viereck 101
Marginalanalyse 55
Marktwirtschaft 33, 57, 72, 74 f.,
 84 ff., 89, 92, 96, 99, 101, 131,
 135, 144, 146, 149, 172 ff., 184,
 186
Marshall, Alfred 48, 51, 56
Marx, Karl 21, 32, 38, 42, 48 f., 57,
 161 f., 169
Marxismus 57, 145, 162
Merkantilismus 18
Merkel, Angela 86, 179
Meyer, Heinrich Christian 12 f.
Mill, John Stuart 159
Mitbestimmung 92
Monetarismus 125, 180
Monetaristen 113, 125, 179
Müller-Armack, Alfred 173 f.

Nachfrage   19, 34, 39, 48, 56, 64 ff., 71, 74, 78 ff., 92, 94, 96, 101, 103, 113, 116, 125 ff., 150 f., 170, 176
Nachfragesteuerung   99, 127
Neokeynesianismus   150
Neoklassiker   48, 55, 57, 96, 103, 176
neoklassische Theorie   48
New Deal   75
New Economy   147
Newcomen, Thomas   20
Nixon, Richard   170
Nolte, Paul   86, 115

Ölpreis   122
Ordoliberalismus   90, 101, 172
organisierter Kapitalismus   143
ÖTV   106 f.

Papen, Franz von   66
Pareto, Vilfredo   47, 56, 165
Pareto-Optimum   56, 165
Phillips-Kurve   102
Preis   20, 22, 24, 32 ff., 39, 48, 55 f., 65, 70 ff., 74, 76, 78, 87, 91, 110, 112 f., 122, 125 f., 149, 165
Preisstabilität   94, 101, 113
Produktion   22 f., 30, 35, 44, 51, 54, 73, 93, 96, 118, 123, 130, 149 f., 155, 162, 165
Produktionsmittel   14, 32, 57, 162
Produktionsverlagerung   7, 130, 147
Produktivität   48, 52, 92 f.
produzierende Gewerbe   90, 111, 123

Rappaport, Albert   149
Rathenau, Emil   50
Reagan, Ronald   7, 96, 115 ff., 126, 179
Reichsgründung 1871   49, 53
Rendite   8, 93, 142 f., 149 f.
Rentenreform   89 f., 99
Reparation   71, 98
Ricardo, David   28, 34 f., 55, 133, 138, 157 f., 160, 176
Roosevelt, Franklin D.   75

Samuelson, Paul A.   9, 96, 127, 138, 175 f.
Say, Jean-Baptiste   79
Schäffer, Hans   72
Schiller, Karl   96
Schmidt, Helmut   113, 115 f.
Schopenhauer, Johanna   15
Schröder, Gerhard   117, 143
Schumpeter, Joseph   64, 155, 167 f.
Shareholder-Value   142, 149 f.
Siemens, Georg   46 f.
Smith, Adam   7, 19, 21 ff., 28 f., 33 f., 43, 55 f., 133, 140, 154 ff., 160, 169
Sozialausgaben   108, 115, 122 f.
Soziale Marktwirtschaft   84 ff., 89, 92, 96, 99, 101, 144, 172 ff., 184
Sozialisten   48, 177
Sozialprodukt   67, 69, 76, 94, 122 f.
Sozialstaat   65, 75, 89, 99, 117, 119, 144, 174, 178
Sozialversicherung   49, 92

Spekulationsgeschäfte 76
Staatsinterventionismus 177
Staatsverschuldung 122
Städte 22, 25, 28, 30, 62, 95, 135
Stagflation 110, 126
Stakeholder-Value 150
Ständeordnung 18
Steuern 80 f., 116 f., 123, 126 f.
Stiglitz, Joseph E. 145, 185 f.
Strauß, Franz Joseph 96
Strukturbrüche 147
Strukturwandel 31, 100

Technisierung 44
Thatcher, Margaret 7, 96, 115 f.,
    178 f.

Überproduktion 55, 64, 79
Ungleichgewicht 64, 103, 167 f.
unsichtbare Hand des Marktes
    20, 33, 64, 101

Verelendung 24
Verhaltensökonomie 151

Währungsreform 70, 85 ff., 98
Wallich, Hermann 47
Walras, Léon 48, 56, 163
walrasianische Auktionator 56
Watt, Thomas 20
Weiß, Johann Adam 22
Weltwirtschaftskrise 6, 8, 60,
    62 ff., 66 ff., 71 f., 75 f., 86, 172
Wirtschaftsgeschehen 32, 54
Wirtschaftslenkung 102, 173
Wirtschaftsliberalismus 19, 155
Wirtschaftsordnung 12, 32, 86 f.,
    89, 171
Wirtschaftswachstum 94, 150
Wolff, Wilhelm 40

Zölle 29, 34, 44 f., 52, 140
Zweiter Weltkrieg 6, 98, 108, 177

BILDNACHWEIS

Agentur Focus: 183 (T. Everke); **akg-images:** 10/11, 20, 23, 42, 58/59, 73, 154, 157; **bpk:** 36/37 (L. Braun), 45, 50; **Corbis:** 134 (M. Kulka); **Getty Images:** 141 (S. Olson), 169 (W. Stoneman), 175 (Y. Joel); **images.de:** 185 (Giribas); **Interfoto:** 114 (Schmidt-Luchs), 163 (Archiv Friedrich); **picture alliance/akg:** 26/27; **picture alliance/dpa:** 61, 104/105, 128/129, 165, 173, 177, 179, 181; **Privat:** 84; **Rue des Archives:** 161; **Fritz Stockmeier:**132; **SV-Bilderdienst:** 69 (Scherl); **TV-yesterday:** 95, 97 u., 118 (W. M. Weber); **ullstein bild:** 159 (R. Violett), 171, 167; **ullstein:** 111 (Center Press); **Volkswagen AG:** 82/83

Farbbildteil:

akg-images: 1, 2, 4, 6; **J. H. Darchinger, Bonn:** 8, 9, 10, 11; **foto-kunz:** 13; **Keystone:** 7; **KPA/HIP/Ann Ronan Picture Library:** 5; **Look:** 15 (J. Stumpe); **picture alliance/dpa:** 14; **picture alliance/KPA:** 3; **Fritz Stockmeier:** 16 o., 16 u.; **ullstein:** 12 (C. T. Fotostudio)